Alberta D. Jones

LUNAR REMASTERED COLLECTION

COLLECTION

SPIELANLEITUNG

Silberner Stern & Ewiges Blau Komplett

Kapitel 1: Einführung in die Welt von Lunar

1.1 Überblick über die Remastered Collection

Die **Lunar Remastered Collection** ist eine liebevoll weiterentwickelte Neuauflage zweier legendärer japanischer Rollenspiele: *Lunar: Silver Star Story Complete* und *Lunar 2: Eternal Blue Complete*. Ursprünglich von Game Arts entwickelt und in den 1990er Jahren veröffentlicht, gelten diese Titel als einige der kultigsten und emotionalsten RPGs ihrer Ära. Die remasterte Kollektion bewahrt nicht nur das Herz und die Seele der Originale, sondern bringt sie mit aktualisierten Funktionen und optischem Glanz in die Moderne.

Zwei Spiele, eine legendäre Reise

Die Kollektion umfasst:

- **Lunar: Silver Star Story Complete** – Die Geschichte eines kleinen Jungen namens Alex, der davon träumt, ein Drachenmeister zu werden, wie sein Idol Dyne. Im Laufe seines Abenteuers muss sich Alex dem uralten Bösen, dem Verrat und der mysteriösen Macht der Göttin Althena stellen.

- **Lunar 2: Eternal Blue Complete** – Diese Fortsetzung spielt tausend Jahre nach dem ersten Spiel und folgt Hiro und der rätselhaften Lucia, während sie versuchen, die Wiederauferstehung des dunklen Gottes Zophar zu vereiteln. Mit tiefgründigen, emotionalen Themen und einer reiferen Erzählung *baut Eternal Blue* auf dem Fundament seines Vorgängers auf.

Jedes Spiel in der Remastered-Sammlung behält seine ursprüngliche Struktur und Geschichte bei, um sicherzustellen, dass Fans der Klassiker die gleiche Magie erleben, während neue Spieler mit optimierten Mechaniken und verbesserter Leistung willkommen geheißen werden.

Remastering der Magie

Die Entwickler haben sich große Mühe gegeben, die Spiele zu modernisieren, ohne ihren Charme zu beeinträchtigen. Zu den wichtigsten Verbesserungen gehören:

- **Visuelle Verbesserungen**: Wunderschön neu gezeichnete 2D-Sprites, verbesserte Lichteffekte, verbesserte Hintergründe und schärfere Kampfanimationen hauchen den klassischen Umgebungen und Charakteren neues Leben ein.

- **Audio-Restaurierung**: Die ikonischen Soundtracks, komponiert von Noriyuki Iwadare, wurden für eine höhere Qualität neu gemastert, während die Sprachausgabe der Originalveröffentlichungen beibehalten und aus Gründen der Klarheit bereinigt wurde.

- **Quality-of-Life-Funktionen**: Neue Barrierefreiheitseinstellungen, schnellere Gefechtsoptionen, anpassbare Schwierigkeitsmodi und verbesserte Speichersysteme sorgen für ein flüssigeres Erlebnis, ohne die ursprüngliche Herausforderung und das Tempo zu beeinträchtigen.

Plattformunterstützung und Leistung

Die Lunar Remastered Collection ist für **PlayStation 4, Nintendo Switch, Xbox One** und **PC (via Steam) erhältlich.** Jede Version unterstützt moderne Auflösungen und Controller-Schemata mit Abwärtskompatibilität für PS5 und Xbox Series X|S. Die Leistung ist auf allen Plattformen stabil, mit nahezu sofortigen Ladezeiten, schnellen Speicherungen und flüssigen Bildraten, selbst bei intensiven Kampfsequenzen.

Ein Tor für neue und wiederkehrende Fans

Für wiederkehrende Spieler bietet diese Sammlung eine Welle der Nostalgie, verpackt in modernen Komfort. Für neue Fans ist es die perfekte Möglichkeit, zwei RPG-Klassiker zu erleben, die dazu beigetragen haben, das Storytelling und die Charakterentwicklung in diesem Genre zu definieren. Mit ihren unvergesslichen Darstellern, herzergreifenden Momenten und zeitlosen Themen wie Wachstum, Freundschaft und Aufopferung ist die *Lunar Remastered Collection* mehr als eine Reise in die Vergangenheit – sie ist eine erneute Feier einer der beliebtesten Sagen der Spielewelt.

1.2 Neuigkeiten: Verbesserungen in den Bereichen Grafik, Audio und QoL

Die **Lunar Remastered Collection** ist mehr als nur eine einfache Neuauflage – sie ist eine verfeinerte, modernisierte Version zweier beliebter JRPGs, die das Vermächtnis der Originale ehrt und gleichzeitig den Spielern von heute ein viel flüssigeres Erlebnis bietet. In diesem Abschnitt werden die wichtigsten Verbesserungen in Bezug auf **die visuelle Darstellung, Audioverbesserungen** und **Aktualisierungen der Lebensqualität (QoL)** aufgeschlüsselt .

Visual Overhaul: Ein Klassiker in HD

Das erste, was wiederkehrenden Spielern auffallen wird, ist der **frische und lebendige neue Look**. Während der Kern-Kunststil seiner handgezeichneten Anime-Ästhetik treu bleibt, wurde fast jedes grafische Element **verbessert oder überarbeitet**:

- **Neu gezeichnete Sprites**: Charakter- und Feind-Sprites wurden bereinigt und in höherer Auflösung neu gezeichnet, wobei der ursprüngliche Charme beibehalten wurde, aber mit schärferen Details und flüssigeren Animationen.

- **Verbesserte Hintergründe**: Städte, Dungeons und Oberweltkarten verfügen jetzt über verbesserte Texturen und Beleuchtung. Die Hintergründe sind reichhaltiger, farbenfroher und mit mehr Tiefe versehen.

- **Kampfeffekte und Benutzeroberfläche**: Zauber und Angriffe haben jetzt ausgefeiltere visuelle Effekte und die Benutzeroberfläche im Gefecht wurde mit modernen Schriftarten und Symbolen optimiert, um die Navigation zu erleichtern.

Diese Verbesserungen erwecken die Welt von Lunar zum Leben wie nie zuvor – ohne ihren Charme zu verlieren, während sie auf HD-Bildschirmen zur Geltung kommt.

Verbessertes Audio: Nostalgie, remastered

Musik und Sprachausgabe waren schon immer ein großer Teil der Identität von Lunar, und die überarbeitete Version schenkt beiden die Aufmerksamkeit, die sie verdienen:

- **Remastered Soundtrack:** Der legendäre Soundtrack von Noriyuki Iwada wurde sorgfältig überarbeitet, um Klarheit und höhere Wiedergabetreue zu gewährleisten, wodurch er wärmer und immersiver klingt. Einige Tracks enthalten neu orchestrierte Arrangements, während andere den Originalen treu bleiben, aber mit saubererem Audio.

- **Erhaltung der Sprachausgabe:** Die originalen englischen und japanischen Sprachspuren wurden erhalten und bereinigt. Dialogszenen profitieren von klarerem Gesang und ausgewogener Abmischung, wodurch emotionale Momente noch härter getroffen werden.

- **Audio-Optionen:** Spieler können zwischen englischen und japanischen Stimmen umschalten und die Lautstärke von Musik/Stimme/SFX unabhängig voneinander anpassen – ein kleines, aber willkommenes Detail für die Steuerung der Immersion.

Verbesserung der Lebensqualität: Moderner Komfort

Längst vorbei sind die Zeiten frustrierender Speichersysteme oder langsamer, grindlastiger Fortschritte. Das Remaster fügt durchdachte **QoL-Funktionen** hinzu, um das Abenteuer angenehmer und zugänglicher zu machen:

- **Mehrere Speicherplätze und schnelles Speichern**: Spieler können jetzt an mehr Orten speichern und den Schnellspeichermodus für zusätzlichen Komfort verwenden – perfekt für mobile Sitzungen oder riskante Bosskämpfe.

- **Überspringbare Zwischensequenzen**: Während die Geschichte des Spiels ein Highlight ist, hast du jetzt die Möglichkeit, Szenen für wiederholte Durchläufe oder Speedruns zu überspringen oder vorzuspulen.

- **Schnellere Gefechte**: Eine Umschaltoption für die Gefechtsgeschwindigkeit ermöglicht es Spielern, Animationen und Menüübergänge zu beschleunigen, wodurch die Ausfallzeiten während des Kampfes erheblich reduziert werden.

- **Verbesserte Navigation**: Verbesserte Minikarten, klarere Questanzeigen und schnelleres Reisen reduzieren unnötiges Zurückverfolgen und machen die Erkundung flüssiger.

- **Schwierigkeitsoptionen**: Anpassbare Schwierigkeitsstufen ermöglichen es Gelegenheitsspielern, sich auf die Story und die Erkundung zu konzentrieren, während Veteranen die Herausforderung für ein taktisches Erlebnis erhöhen können.

Nahtloses modernes Erlebnis

Egal, ob du auf Konsole oder PC spielst, das Remaster läuft flüssig mit **minimalen Ladezeiten, automatischen Speichern** und vollständiger **Controller-Unterstützung** (einschließlich zuweisbarer Eingänge). Das gesamte Erlebnis ist so gestaltet, dass es sich modern anfühlt, ohne das Herz dessen zu verlieren, was *Lunar* so besonders gemacht hat.

1.3 Series Legacy & Entwicklerhintergrund

Die *Lunar-Serie* ist mehr als nur ein Paar RPGs – sie ist ein **Grundpfeiler des JRPG-Storytellings der 1990er Jahre**, das weithin für seine emotionale Tiefe, seine reichhaltigen Charaktere und seine für seine Zeit bahnbrechende Präsentation bekannt ist. Um die *Lunar Remastered Collection* zu schätzen, ist es hilfreich, das **Vermächtnis hinter den Spielen und die Entwickler, die sie geprägt haben,** zu verstehen.

Ein Blick zurück: Die Ursprünge der Lunar Series

Die *Mond-Saga* begann **1992** mit der Veröffentlichung von **Lunar: The Silver Star** für die Sega-CD. Lunar wurde von **Game Arts entwickelt**, einem japanischen Studio, das bereits für die *Silpheed*- und *Thexder-Serien* bekannt *ist, und war ein ehrgeiziges Projekt, das sich zum Ziel gesetzt hat, neue Wege in der RPG-Erzählung und audiovisuellen Immersion zu beschreiten.*

Was *Lunar* damals auszeichnete, war die Verwendung von:

- **Animierte Zwischensequenzen** (eine Seltenheit in RPGs in den frühen 90er Jahren)

- **Vertonte Dialoge**

- Eine **filmische Musik**

- Starker Fokus auf **Charakterbeziehungen und persönliches Wachstum**

Es ging nicht nur darum, die Welt zu retten – es ging darum, **warum die Charaktere sich darum kümmerten, sie zu retten.**

Der Nachfolger, **Lunar: Eternal Blue, der** 1994 **in die Kinos kam**, baute auf dieser Formel auf und bot eine **dunklere, emotional komplexere Geschichte**, eine verfeinerte Mechanik und noch mehr filmischen Ehrgeiz. Es wurde als eines der besten RPGs auf der Sega-CD gefeiert und gewann sowohl in Japan als auch im Westen eine treue Fangemeinde.

Game Arts: Visionäre Entwickler, die ihrer Zeit voraus sind

Game Arts wurde 1985 gegründet und erwarb sich schnell den Ruf, die Grenzen der Technologie beim Geschichtenerzählen zu erweitern. Bei *Lunar* gaben sie sich nicht damit zufrieden, den RPG-Normen der damaligen Zeit zu folgen – sie wollten **Anime, Spielmechaniken und interaktives Storytelling** zu etwas Zusammenhängendem und Frischem verschmelzen.

Das Studio arbeitete eng zusammen mit:

- **Studio Alex** (Mitschöpfer und Drehbuchautoren)

- **Noriyuki Iwadare** (Komponist)

- **Toshiyuki Kubooka** (Charakterdesigner und Animator, bekannt für seine Anime-Arbeiten)

Die Synergie dieses Teams führte zu einer Welt, die sich wirklich lebendig anfühlte, mit ausdrucksstarken Charakteren, tränenreichen Handlungsbögen und handgezeichneten Bildern, die es mit zeitgenössischen Anime-Filmen aufnehmen konnten.

Westliche Popularität und die Ära der Arbeitsdesigns

Als *Lunar* in den Westen kam, erlangte das Unternehmen dank **Working Designs**, einem kleinen, aber leidenschaftlichen Lokalisierungsteam, das für seine humorvollen, witzigen Übersetzungen und hochwertigen Verpackungen bekannt ist, eine Kultanhängerschaft.

Die *PlayStation-Remakes* – Lunar: Silver Star Story Complete **(1999) und** Lunar 2: Eternal Blue Complete **(2000) – waren herausragende RPGs auf einem System, das bereits vollgepackt war mit genreprägenden Titeln wie** Final Fantasy VII *und* Suikoden II. Sie behielten ihre Identität bei, fügten gleichzeitig neue Inhalte, verbesserte Grafiken und vollständige Sprachausgabe hinzu und wurden so zu Fan-Favoriten für ein ganz neues Publikum.

Diese Versionen sind die Basis für die **Remastered Collection** – Remakes von Remakes, liebevoll erhalten.

Das Vermächtnis lebt weiter

Obwohl Game Arts schließlich den Fokus verlagerte (einschließlich der Mitentwicklung von *Grandia* und der Arbeit an *Super Smash Bros. Brawl*), hinterließ die *Lunar-Serie* bleibende Spuren. Seine Auswirkungen sind in späteren RPGs zu sehen, die auf charakterorientiertes Storytelling und emotionales Tempo setzen.

Auch heute noch *ist Lunar* in Erinnerung geblieben für:

- Romantische, hoffnungsvolle Erzählungen

- Ikonische Charaktere wie Alex, Luna, Hiro und Lucia

- Eine Musik, die bei den Fans immer noch Anklang findet

- Es ist eines der frühesten JRPGs, das sich wirklich wie ein Anime anfühlt, den man spielen kann

Die *Lunar Remastered Collection* erinnert an das goldene Zeitalter der RPGs – eine Zeit, in der Geschichtenerzählen, Musik und Emotionen zu unvergesslichen Erlebnissen verschmolzen. Es ist nicht nur eine Rückkehr, es ist ein Fest.

1.4 Auswahl Ihrer Plattform: Unterschiede und Leistung

Mit der **Lunar Remastered Collection**, die auf mehreren modernen Plattformen veröffentlicht wird, haben die Spieler die Flexibilität zu wählen, wie sie diese klassische Reise erleben möchten. Während der Kerninhalt in allen Versionen identisch bleibt, gibt es geringfügige **Unterschiede in Bezug auf Leistung**, **Steuerung** und **Funktionen,** die es wert sind, bei der Entscheidung zwischen **PlayStation 4**, **Nintendo Switch**, **Xbox One** und **PC (Steam)** berücksichtigt zu werden**.

In diesem Abschnitt erfahren Sie, was Sie wissen müssen, bevor Sie sich für die Plattform Ihrer Wahl entscheiden.

PlayStation 4 (und PS5 über Abwärtskompatibilität)

- **Leistung**: Läuft mit stabilen 1080p bei 60 FPS auf PS4 und schnelleren Ladezeiten auf PS5.

- **Steuerung**: Vollständig optimiert für DualShock 4 und DualSense, mit Unterstützung von Vibrationsfeedback in wichtigen Zwischensequenzen und Kampfaktionen.

- **Speicheroptionen**: Speichern in der Cloud über PlayStation Plus. Manuelles und automatisches Speichern verfügbar.

- **Trophäen**: Enthält ein komplettes Trophäenset, darunter eine Platin-Trophäe pro Spiel.

- **Für wen ist es geeignet**: Großartig für Spieler, die ein nahtloses Couch-Erlebnis wünschen, und Trophäenjäger, die 100 % der Spiele spielen wollen.

Xbox One (und Series X|S über Abwärtskompatibilität)

- **Leistung**: Native 1080p, 60 FPS auf Xbox One; hochskalierte Grafik und schnelleres Laden auf Series X|S.

- **Steuerung**: Die Xbox-Controller-Zuordnung ist sauber und reaktionsschnell. Die Benutzeroberfläche wird ohne Verzögerung bei der Navigation an das Xbox-Layout angepasst.

- **Speicheroptionen**: Xbox-Cloud-Speichern aktiviert, automatisches Speichern unterstützt.

- **Erfolge**: Volle Unterstützung für Erfolge mit einer gespiegelten Liste der PlayStation-Trophäen.

- **Für wen ist es geeignet**: Ideal für Xbox-Spieler, die die Originale verpasst haben und eine Erfolgsverfolgung wünschen.

Nintendo Switch (angedockt und Handheld)

- **Leistung**: Läuft mit 1080p im angedockten Modus, 720p im Handheld-Modus; für die Akkueffizienz auf 30 FPS eingestellt, bleibt aber flüssig.

- **Steuerung**: Unterstützung für Joy-Con und Pro Controller, mit aktivierter Touch-Eingabe für Menüs (nur Handheld).

- **Speicheroptionen**: Lokale und Cloud-Speicherstände (mit Nintendo Switch Online) sowie schnelles Fortsetzen.

- **Einzigartige Funktionen**:

    o Tragbares Spielen ist hier das herausragende Merkmal.

    o Touchscreen-Unterstützung für grundlegende Menüinteraktion und Kartenscrollen.

- **Für wen es ist**: Perfekt für alle, die unterwegs spielen oder sich im Handheld-Modus entspannen möchten. Die beste Option für zwanglose, storyfokussierte Sitzungen.

PC (Steam)

- **Leistung**: Bis zu 4K-Auflösung mit freigeschalteten Bildraten (hardwareabhängig).

- **Steuerung**: Volle Unterstützung für Tastatur/Maus sowie native Unterstützung für Xbox, PlayStation und generische Gamepads. Vollständig neu belegbare Steuerelemente.

- **Speicheroptionen**: Cloud-Speicherungen über Steam; manuelle Speicherungen einfach zu verwalten.

- **Anpassung**:

  - Einstellbare Auflösung, UI-Skalierung, Audio-Schieberegler.

  - Einige kleinere Modding-Möglichkeiten (Community-Reshades, Sprachpatches usw.).

- **Erfolge**: Steam-Errungenschaften inklusive.

- **Für wen es geeignet ist**: Am besten für Spieler, die maximale Anpassungsmöglichkeiten, Ultrawide-Unterstützung und verbesserte Grafik wünschen. Auch ideal für Streamer und Content-Ersteller.

Zusammenfassendes Diagramm: Plattformvergleich

Merkmal	PS4/PS5	Xbox One/Serie	Nintendo Switch	PC (Steam)
Auflösung	1080p (PS4), bis zu 4K (PS5)	1080p, hochskaliert 4K	1080p/720p	Bis zu 4K
Bildrate	60 Bilder pro Sekunde	60 Bilder pro Sekunde	30 Bilder pro Sekunde	Freigeschaltet (variiert)
Tragbares Spielen	Nein	Nein	Ja	Abhängig vom Gerät
Controller-Unterstützung	DualShock/DualSense	Xbox-Controller	Joy-Con/Pro	Alle wichtigen Typen
Cloud-Einsparungen	Ja	Ja	Ja	Ja
Erfolge/Trophäen	Ja	Ja	Nein	Ja
Mods/Anpassung	Begrenzt	Begrenzt	Nichts	Volle PC-Unterstützung

Kapitel 2: Charaktere und Gefährten

2.1 Hauptcharaktere von *Silver Star Story*

In **Lunar: Silver Star Story Complete** spielen die Hauptcharaktere eine wesentliche Rolle in den sich entfaltenden Ereignissen des Spiels. Jeder Charakter hat eine einzigartige Hintergrundgeschichte, eine einzigartige Persönlichkeit und eine Reihe von Fähigkeiten, die sowohl zur Geschichte als auch zum Kampf beitragen. Hier ist ein Blick auf die Hauptcharaktere, die den Kern von Alex' Gruppe bilden.

1. Alex – Der Drachenmeister in Ausbildung

Rolle: Protagonist, Held

- **Hintergrund:** Alex ist der junge und entschlossene **Träumer** aus dem kleinen Dorf Burg. Er vergöttert den legendären Drachenmeister **Dyne** und versucht, in seine Fußstapfen zu treten, um die Welt von **Lunar zu beschützen**. Seine Reise beginnt, als er sich auf eine Mission begibt, um Luna zu retten, und schließlich den Mantel des Drachenmeisters annimmt.

- **Persönlichkeit**: Der tapfere, loyale und gutherzige Alex verkörpert den traditionellen Helden-Archetyp. Trotz seiner anfänglichen Unerfahrenheit sind es sein Mut und sein Herz, die ihn als Führer der Partei ausmachen. Seine **Bindung zu Luna** ist von zentraler Bedeutung für die Motivationen seiner Figur.

- **Kampfrolle**: Alex ist ein vielseitiger Charakter mit **ausgewogenen Werten** in **Stärke** und **Beweglichkeit**. Er benutzt **Schwerter** und ist sowohl in physischen Angriffen als auch in **Magie versiert** , während er im Laufe der Geschichte wächst. Alex ist aufgrund seiner Drachenmeister-Kräfte auch in Bosskämpfen entscheidend.

2. Luna – Das Licht des Mondes

Rolle: Heiler, Unterstützer

- **Hintergrundgeschichte**: Luna ist Alex' Kindheitsfreundin und Geliebte. Sie ist die **Tochter des Mondes** und der Schlüssel zur Entschlüsselung der wahren Macht der **Drachenmeister**. Luna ist mysteriös und trägt eine tiefe Verbindung zur **Mondenergie** , die durch die Welt fließt.

- **Persönlichkeit**: Luna ist sanftmütig, mitfühlend und immer bestrebt, anderen zu helfen. Ihre Anwesenheit dient oft als emotionaler Anker für Alex und den Rest der Gruppe und bietet selbst in den dunkelsten Momenten Hoffnung.

- **Kampfrolle**: Luna ist in erster Linie eine **Heilerin** und **ein Unterstützungscharakter**, der weiße Magie **einsetzt, um** der Gruppe HP **und** MP **wiederherzustellen** . Sie verfügt auch über mehrere Zauber, die die Fähigkeiten ihrer Verbündeten verbessern und **Statusschutz bieten**.

3. Jessica – Die wilde Zauberin

Rolle: Magischer Zauberer, Offensiver Zauberer

- **Hintergrundgeschichte**: Jessica ist eine **Zauberin** aus der Stadt **Meribia**. Ihre Fähigkeiten in **Feuermagie** machen sie zu einer Macht, mit der man im Kampf rechnen muss. Trotz ihres harten Äußeren kümmert sie sich sehr um ihre Freunde und hat eine besondere Schwäche für **Ramus**, den sie oft neckt, aber aufrichtig beschützt.

- **Persönlichkeit**: Jessica ist eigensinnig, witzig und oft sarkastisch. Sie wirkt anfangs aggressiv, entwickelt sich aber zu einer vertrauenswürdigen und fürsorglichen Begleiterin. Sie teilt eine komplizierte Beziehung mit **Nash**, aber ihre Liebe zu ihren Freunden und der Sache ist immer offensichtlich.

- **Kampfrolle**: Jessica hat sich auf **offensive Magie spezialisiert**, insbesondere auf **Feuer basierende Zaubersprüche**. Sie kann Gegnern erheblichen Schaden zufügen, besonders in **Gruppenkämpfen**. Ihre Zauber haben ein hohes magisches Angriffspotenzial, was sie für **Bosskämpfe** und **Gegner-Sweeps** unentbehrlich macht.

4. Nash – Der Dieb wider Willen

Rolle: Tarnung, Beweglichkeit

- **Hintergrundgeschichte**: Nash ist ein **Dieb** , der sich zunächst Alex' Gruppe anschließt, um sich persönlich zu bereichern. Seine mysteriöse Vergangenheit ist voller Geheimnisse, und seine Motive scheinen oft unklar. Obwohl seine Loyalität manchmal in Frage gestellt wird, machen ihn seine Fähigkeiten zu einer wertvollen Bereicherung für die Gruppe.

- **Persönlichkeit**: Nash hat eine **sarkastische** und **eigennützige Einstellung**, erweist sich aber als loyaler Verbündeter, wenn es darauf ankommt. Sein witziges Geplänkel und seine Neigung zum Jammern können der Partydynamik Humor verleihen, obwohl seine Momente der Ernsthaftigkeit seine tiefere Seite zeigen.

- **Kampfrolle**: Nash zeichnet sich durch **Beweglichkeit** und **Geschwindigkeit** aus, was ihn hervorragend für **schnelle Schläge** und **kritische Treffer** macht. Er ist besonders effektiv gegen Gegner, die schwach gegen **physischen Schaden** oder **Magie sind**. Nash ist zwar nicht so stark wie Alex, bietet aber eine hohe **Geschicklichkeit** und Nützlichkeit in **Stealth-Missionen**.

5. Ramus – Der Kaufmann mit dem Herzen aus Gold

Rolle: Support, Geldhändler

- **Hintergrundgeschichte**: Ramus ist ein **Händler**, der ständig versucht, Profit zu machen und Status zu erlangen. Obwohl er etwas oberflächlich erscheinen kann, hat er ein tiefes Gefühl der Loyalität gegenüber seinen Freunden und ist einfallsreicher, als er zugibt. Auch zu seiner **Familie** und der Kleinstadt **Burg hat er eine starke** Verbundenheit.

- **Persönlichkeit**: Ramus ist **ehrgeizig**, aber auch gutmütig und sorgt während der gesamten Reise für komische Abwechslung. Obwohl es ihm anfangs mehr um Geld als um Heldentaten geht, erweist er sich als Schlüsselspieler, wenn es hart auf hart kommt.

- **Kampfrolle**: Ramus ist ein **Fernkämpfer**, der **Armbrüste** und **Werkzeuge einsetzt**, um aus der Ferne Schaden zu verursachen. Seine Hauptaufgabe ist **die Unterstützung**, die Unterstützung **bei Statuseffekten** und die Rolle eines sekundären Angreifers, obwohl er in Bezug auf rohe Kraft nicht der Beste ist.

2.2 Helden des *ewigen Blaus*

Die Fortsetzung, **Lunar: Eternal Blue**, führt eine neue Besetzung von Helden ein, die **Ryu und seine Freunde** auf ihrer Reise begleiten, um die Welt vor einer drohenden Bedrohung zu schützen.

1. Ryu – Der stille Protagonist

Rolle: Schwertkämpfer, Drachenmeister

- **Hintergrundgeschichte**: Ryu, die Protagonistin von **Eternal Blue**, ist ein Mitglied der **Drachenkin** und hat viele Ähnlichkeiten mit **Alex**. Ryus Schicksal ist mit den **uralten Drachen verbunden**, und er hat die Aufgabe, die Welt vor den dunklen Mächten zu schützen, die sie bedrohen.

- **Persönlichkeit**: Ryu ist ein **stiller Protagonist**, was bedeutet, dass seine Persönlichkeit mehr von den Entscheidungen des Spielers geprägt wird, obwohl er im Allgemeinen **stoisch** und entschlossen ist. Sein Sinn für Gerechtigkeit und seine Hingabe an seine Freunde sind unerschütterlich.

- **Kampfrolle**: Als **schwertschwingender Krieger** ist Ryu der wichtigste **Verursacher von physischem Schaden** in der Gruppe. Seine Fähigkeit, **sich in Schlüsselschlachten in Drachen zu verwandeln,** bietet zusätzliche taktische Vorteile.

2. Jean – Die hingebungsvolle Zauberin

Rolle: Magischer Zauberer, Unterstützung

- **Hintergrundgeschichte**: Jean ist eine mächtige **Zauberin,** die von der Insel **Iluk stammt,** wo sie einen Großteil ihres Lebens damit verbracht hat, **Magie** und **Alchemie zu studieren.** Sie besitzt eine tiefe **spirituelle Verbindung** zur Welt von **Lunar** und ist eine der wenigen, die von der uralten **Drachenmagie wissen.**

- **Persönlichkeit**: Jean ist **gutherzig** und nimmt ihre magischen Studien sehr ernst und erweist sich oft als zuverlässige und engagierte Verbündete. Ihr **sanftes Wesen** täuscht über ihre mächtigen magischen Fähigkeiten hinweg.

- **Kampfrolle**: Jean ist auf **Magie** und **Heilzauber spezialisiert** , kann aber auch eine ordentliche Menge **an offensivem magischem Schaden** verursachen. Ihre **unterstützende Rolle** ist in Bosskämpfen **und längeren Kämpfen** von unschätzbarem Wert.

3. Lemina – Die gerissene Zauberin

Rolle: Offensive Magie, Schadensverursacher

- **Hintergrundgeschichte**: Lemina ist eine **Zauberin** aus **Moribia**, die oft von ihrem Verlangen nach Anerkennung und Ruhm angetrieben wird. Sie strebt danach, eine der mächtigsten **Magierinnen** der Welt zu werden und ist bereit, alles zu tun, um ihre Ziele zu erreichen.

- **Persönlichkeit**: Lemina ist **ehrgeizig** und kann egoistisch wirken, aber mit der Zeit wird ihre wahre Loyalität zu ihren Freunden offensichtlich. Sie ist auch sehr **unabhängig** und hat keine Angst, ihre Meinung zu sagen.

- **Kampfrolle**: Lemina ist eine **Magierin mit hohem Schaden**, die sich auf **offensive Zauber** wie **Donner- und Feuermagie konzentriert**. Sie kann verheerende Mengen an magischem Schaden verursachen, ist aber körperlich schwächer als die anderen Charaktere.

4. Mia – Die heilige Priesterin

Rolle: Heiler, Heilige Magie

- **Hintergrundgeschichte**: Mia ist eine **Priesterin** der **Kirche**, die für ihre mächtige Heilmagie bekannt ist. Sie trägt ein tiefes Verantwortungsgefühl für den Schutz der Welt vor **dem Bösen** und der **Finsternis** in sich und wird oft als spiritueller Anker der Gruppe angesehen.

- **Persönlichkeit**: Mia ist **sanftmütig**, **mitfühlend** und ihrem Glauben treu. Sie mag manchmal etwas naiv sein, aber ihr unerschütterlicher Glaube an ihre Freunde und an das **Gute** macht sie zu einem wichtigen Mitglied des Teams.

- **Kampfrolle**: Mia ist eine **Heilerin**, die sich darauf spezialisiert hat, **HP** und **MP** für die Gruppe wiederherzustellen. Sie verfügt auch über offensive **heilige Magie**, mit der **sie dunklen Kreaturen** Schaden zufügen kann.

2.3 Gruppenzusammensetzung und Kampfrollen

Mondgruppen sind eine Mischung aus verschiedenen Rollen, die zwischen physischen Angreifern, Magiern und Heilern ausbalancieren. Eine gut strukturierte Gruppe ist sowohl für **Bosskämpfe** als auch für **zufällige Begegnungen unerlässlich**. Hier ist eine allgemeine Aufschlüsselung der einzelnen Rollen:

- **Verursacher von physischem Schaden**: Alex (Drachenmeister), Ryu (Schwertkämpfer)

- **Magieschaden-Verursacher**: Jessica, Lemina

- **Heiler**: Luna, Mia, Jean

- **Panzer/Unterstützung**: Nash, Jessica

2.4 Charakterentwicklung & beste Builds

Die Charakterentwicklung in **Lunar** hängt vom **Aufleveln** und Freischalten neuer **Fähigkeiten ab**. Hier sind einige Tipps zur Optimierung der einzelnen Charaktere:

- **Alex**: Konzentrieren Sie sich auf **ein ausgewogenes Wachstum** zwischen **Kraft** und **Beweglichkeit**. **Bester Build**: Hybrider physischer Angreifer und Magiewirker.

- **Jessica**: Maximiere ihre **magischen** Werte und konzentriere dich auf offensive Zauber. **Bester Build**: Magiefokussiert, hoher **Angriff**.

- **Luna**: Priorisiere **HP** und **MP** , um Heilung und Unterstützung zu verbessern. **Bester Build**: Reiner Heiler und unterstützende Magie.

- **Nash**: Baut auf **Geschwindigkeit** und **kritisches** Trefferpotenzial. **Bester Körperbau**: Fernkampfangreifer, auf Geschwindigkeit ausgerichtet.

Kapitel 3: Zusammenbruch des Kampfsystems

3.1 Rundenbasierte Kampfmechaniken erklärt

Das Kampfsystem in **Lunar** ist **rundenbasiert** und erfordert eine sorgfältige Planung und Strategie, um die verschiedenen Feinde und Herausforderungen zu meistern, mit denen Alex und seine Gefährten konfrontiert sind. Die Mechanik ist so konzipiert, dass sie den Spielern die Flexibilität gibt, die Aktionen jedes Charakters zu kontrollieren und gleichzeitig Entscheidungen auf der Grundlage der Bewegungen der Feinde, der Positionierung und des Status deiner Gruppe zu treffen.

1. Grundlegender Kampfablauf

Der grundlegende Ablauf einer Schlacht in **Lunar: Silver Star Story** sieht wie folgt aus:

1. **Initiieren des Kampfes**: Wenn du auf einen Feind triffst (entweder auf dem Feld oder im Dungeon), wechselt der Bildschirm in einen Kampfmodus, in dem du dich dem Feind stellst.

2. **Aktionsmenü**: Jeder Charakter hat eine Reihe von Befehlen, die er während seines Zuges ausführen kann. Dazu gehören:

   - **Angriff**: Ein physischer Standardangriff, dessen Stärke je nach den Werten des Charakters variiert.

- Magie: Charaktere können Zauber wirken, wenn sie genügend MP (Magiepunkte) haben.

- Gegenstände: Verwende Heilgegenstände, Ausrüstung oder Heilmittel für Statuseffekte.

- Fliehen: Versuch, aus dem Kampf zu entkommen (normalerweise wirkungslos gegen Bosse).

3. **Aktionsauflösung**: Sobald du eine Aktion ausgewählt hast, führen die Charaktere und Feinde abwechselnd ihre Aktionen aus. Die Charaktere agieren in einer festgelegten Reihenfolge, die auf ihrem **Beweglichkeitswert** basiert , und der Kampf geht weiter, bis alle Feinde besiegt sind oder die Gruppe ausgelöscht ist.

2. System der Aktionspunkte (AP)

- **AP** ist das Maß für die Fähigkeit eines Charakters, Aktionen im Kampf auszuführen. Jeder Charakter hat eine feste Anzahl von **Aktionspunkten**, die bestimmen, wie viele Züge er in einem bestimmten Zug machen kann. Zum Beispiel kann ein Charakter genug AP haben, um einen Angriff auszuführen und dann im **selben Zug einen Zauberspruch** auszuführen , während ein anderer Charakter nur genug für eine einzige Aktion hat.

- **Kritische Entscheidungen**: Das AP-System ermutigt die Spieler, vorausschauend zu denken und zu planen, wie sie die Fähigkeiten der einzelnen Charaktere am effektivsten einsetzen können. Es ist wichtig, die AP deiner Gruppe über mehrere Runden zu verwalten, um Überanstrengung zu vermeiden und eine optimale Leistung zu gewährleisten.

3. Reihenfolge und Geschwindigkeit der Runden

- **Geschwindigkeit und Zugreihenfolge**: In **Lunar** können Charaktere mit höheren **Beweglichkeitswerten** früher in der Runde handeln. Das bedeutet, dass schnellere Charaktere zuerst Schaden verursachen oder Heilgegenstände verwenden können, was das Blatt im Kampf wenden kann.

- **Unterbrechen von Feinden**: Einige Charaktere mit sehr hoher **Geschwindigkeit** können feindliche Züge unterbrechen und Schaden verursachen, bevor die Feinde handeln können. Dies verschafft ihnen einen strategischen Vorteil im Umgang mit gefährlichen Feinden, wie z.B. Zauberern oder mächtigen Bossen.

4. Besondere Fähigkeiten & Grenzen

- **Spezialbewegungen**: Charaktere schalten Spezialbewegungen frei, wenn sie aufsteigen. Diese Attacken erfordern in der Regel eine **spezielle Anzeige** oder **MP**, aber sie verursachen oft erheblichen Schaden oder bieten mächtige Statuseffekte.

- **Limit Breaks**: Unter schwierigen Umständen können einige Charaktere einen **Limit Break ausführen**, einen mächtigen Angriff, der eine große Menge an AP verbraucht, aber immensen Schaden verursacht oder der Gruppe Buffs verleiht.

3.2 Positionierung, Reichweite und Strategie

In **Lunar** ist die Positionierung und der strategische Einsatz der Reichweite und Fähigkeiten deiner Charaktere der Schlüssel zum Erfolg in Kämpfen, insbesondere wenn du es mit größeren Gruppen von Feinden oder Bossen zu tun hast.

1. Positionierung der Charaktere

- **Front Line vs. Back Line**: Charaktere in der **Front** werden mit größerer Wahrscheinlichkeit von Feinden ins Visier genommen. Sie tragen die Hauptlast der physischen Angriffe und sind in einigen Fällen in der Lage, Gegenangriffe durchzuführen.

- **Hintere Linie**: Charaktere in der **hinteren Reihe** sind in der Regel sicherer vor direkten Angriffen und sind oft deine Zauberwirker und Unterstützungscharaktere. Sie haben jedoch eine **begrenzte Reichweite** für physische Angriffe und müssen oft näher an den Feind heranrücken, um bestimmte Aktionen auszuführen.

- **Tank-Charaktere**: Platziere deine **Panzer** (z. B. Alex) in der vordersten Reihe, um Schaden zu absorbieren und deine zerbrechlicheren Charaktere wie **Luna** und **Jessica zu schützen**, die für Heilung oder Zauber in der hinteren Reihe bleiben sollten.

2. Reichweite der Angriffe

Die Waffe oder Magie jedes Charakters hat eine Reihe von Wirksamkeiten. Und so funktioniert es:

- **Nahkampfangriffe:** Die meisten physischen Angriffe, wie **Schwerthiebe** oder **Stabschwingungen**, sind auf die **vorderen** oder **benachbarten Feinde beschränkt.** Charaktere in der hinteren Reihe können oft keine Nahkampfangriffe ausführen, es sei denn, sie rücken näher.

- **Fernkampfangriffe:** Einige Charaktere, wie z. B. **Ramus**, können mit Armbrüsten oder anderen Fernkampfwaffen **aus der Ferne angreifen** . Fernkampfangreifer sind vor den meisten physischen Angriffen sicher und können aus der Ferne Schaden anrichten.

- **Magische Angriffe: Magie** hat je nach Reichweite unterschiedliche Effekte. Einige Zauber können **auf mehrere Feinde** abzielen oder bestimmte **Positionen** treffen. Zum Beispiel **hat Feuermagie** oft eine Reichweite, die eine Gruppe von Feinden treffen kann, während **Heilzauber** in der Regel auf bestimmte Charaktere oder Gruppen abzielen können.

3. Wirkungsbereich (AoE) und Massenkontrolle

- **Flächenzauber:** Zauber wie **Feuerball** oder **Blitz** können mehrere Feinde in einem weiten Bereich treffen, so dass du allen Feinden in einem Zug Schaden zufügen kannst. Diese Zauber sind äußerst nützlich, wenn man sich Gruppen von Feinden stellt, da sie Feinde mit niedrigerem Level schnell beseitigen können.

- **Statuseffekte:** Einige Zauber, wie z. B. **Schlaf** oder **Lähmung**, können die Aktionen der Gegner für mehrere Runden einschränken. Setze **die Magie von Statuseffekten** mit Bedacht ein, um feindliche Strategien zu durchkreuzen und deinem Team einen Vorteil zu verschaffen.

4. Verwendung von Buffs und Debuffs

- **Buffs**: Zauber wie **Tempo** oder **Schild** können die Werte deiner Gruppe erhöhen, sie widerstandsfähiger gegen Schaden machen oder sie schneller agieren lassen. Das Buffen von Charakteren kann bei längeren Bosskämpfen entscheidend sein.

- **Debuffs**: Auf ähnliche Weise kannst du Zauber verwenden, um die Werte von Gegnern zu senken. **Die Verteidigung eines Feindes** zu schwächen oder seine Aktionen **zu verlangsamen**, kann einen großen Unterschied machen, besonders wenn man es mit mächtigen Feinden zu tun hat oder wenn die Zeit drängt.

3.3 Magie & Fähigkeiten: Effiziente Nutzung

Das **Magiesystem** in **Lunar** ist von zentraler Bedeutung für den Kampf und bietet große Flexibilität bei der Herangehensweise an Schlachten. Die Charaktere haben Zugang zu einer Vielzahl von Zaubersprüchen, von **Heilzaubern** bis hin zu Schadenszaubern, und zu lernen, wie man **MP** verwaltet und Magie effizient einsetzt, ist der Schlüssel zum Erfolg.

1. MP und Zaubern verstehen

- **MP-Verwaltung**: Jeder Charakter hat einen Pool an **MP** (Magiepunkten) und Zauber kosten unterschiedlich viel MP. Wenn dir die MP ausgehen, können deine Magieanwender keine Zauber mehr wirken, sodass du in langwierigen Kämpfen verwundbar bist. **Die Gegenstandsverwaltung** ist entscheidend für die Wiederherstellung von MP, da **MP-**

Wiederherstellungsgegenstände wie **Elixiere** oder **MP-Tränke** das Blatt im Kampf wenden können.

- **Effizienz**: Verschwende keine mächtigen Zauber an schwächere Feinde, es sei denn, es ist absolut notwendig. Hebe dir deine **teureren Zaubersprüche** für wichtige Schlachten auf, wie **z. B. Bosskämpfe** oder **die Erkundung von Dungeons**, wo sie den Unterschied zwischen Leben und Tod ausmachen können.

2. Elementarmagie und Schwächen

- **Elementarmagie**: Viele Feinde in **Lunar** haben Schwächen gegenüber bestimmten Arten von **Elementarmagie** wie Feuer, Wasser oder Blitz. Wenn du weißt, welche Feinde für welche Elemente verwundbar sind, kannst du die Anzahl der Runden, die du brauchst, um sie zu besiegen, drastisch reduzieren.

- **Schwächen im Visier**: Verwende Zauber, die die Schwächen der Feinde ausnutzen. Wenn du zum Beispiel auf Gegner triffst, die schwach gegen **Feuer sind**, wirke **feuerbasierte Zauber** auf sie, um maximalen Schaden zu verursachen. Schütze dich umgekehrt vor **elementaren Schwächen,** indem du defensive Zauber oder Gegenstände einsetzt.

3. Besondere Fähigkeiten und Grenzen

Wenn die Charaktere aufsteigen, schalten sie **spezielle Fähigkeiten** frei, die erheblichen Schaden verursachen oder mächtige **Schwächungseffekte** bei Feinden haben können. Diese Fertigkeiten können **Einzelziel-** oder **AoE-Fertigkeiten sein**, und ihre

Verwendung während des Kampfes ist unerlässlich, um harte Schlachten zu gewinnen.

- **Effizienter Einsatz von Fertigkeiten**: Priorisiere den Einsatz von **Fertigkeiten mit hohem Schaden**, wenn du mächtigen Feinden gegenüberstehst oder in kritischen Momenten in einem Kampf. Verschwende sie nicht mit regelmäßigen Begegnungen, es sei denn, es ist notwendig.

- **Aufladefähigkeiten**: Einige Charaktere können Aufladefähigkeiten haben, die einige Runden benötigen, um ihr maximales Potenzial zu erreichen. Plane im Voraus und nutze diese Fähigkeiten, wenn du einen harten Kampf bevorstellst.

3.4 Bosskampftaktiken und Feindmuster

Bosskämpfe in Lunar sind eine Herausforderung, und das Verständnis der Feindmuster ist für den Sieg unerlässlich. Bosse haben in der Regel einzigartige Fähigkeiten und können verheerenden Schaden anrichten, daher ist es wichtig, vorbereitet zu sein.

1. Erlernen von feindlichen Mustern

- **Angriffsmuster**: Bosse haben oft bestimmte Angriffsmuster, wie z. B. die Konzentration auf ein einzelnes Ziel oder den Einsatz von AoE-Magie. Sobald Sie ihre Muster verstanden haben, können Sie Ihre Strategie entsprechend anpassen.

- **Schwächen erkennen**: Viele Bosse haben **Schwächen**, die ausgenutzt werden können, sei es eine bestimmte

elementare Schwachstelle oder ein **Statuseffekt** , der sie
außer Gefecht setzen oder schwächen kann. Behalten Sie
das Verhalten des Chefs und alle verräterischen Anzeichen
im Auge, die auf eine Verletzlichkeit hindeuten.

2. Vorbereitung ist das A und O

- **Buff für deine Gruppe**: Stelle vor einem Bosskampf sicher,
  dass deine Gruppe **mit defensiven Zaubern (z. B.** Schild
  oder Tempo) **gestärkt ist**, da diese den Schaden, den die
  Gruppe erleidet, drastisch reduzieren und ihre Aktionen
  beschleunigen können.

- **Statuseffekte**: **Wenn du Bosse mit** Statuseffekten **wie**
  Schlaf **oder** Stille **außer Gefecht setzt,** kann sich das Blatt
  zu deinen Gunsten wenden. Konzentriere dich auf den
  Einsatz von **Status-Schwächungsmagie**, um den Schaden
  eines Bosses zu reduzieren.

- **Heilgegenstände**: Habe immer Heilgegenstände auf Lager.
  Heilung während des Kampfes ist oft notwendig, um deine
  Gruppe gegen mächtige Bosse am Leben zu erhalten.

3. Teamsynergie nutzen

- **Koordinierende Angriffe**: Kombiniere die **magischen** und
  physischen Angriffe deiner Charaktere, um die feindliche
  Verteidigung zu durchbrechen. Zum Beispiel kann ein
  Panzer-Charakter die Aufmerksamkeit des Bosses auf sich
  ziehen, während **Magieanwender** mächtige Zaubersprüche
  aus der hinteren Reihe entfesseln.

- **Spezial-Moves**: Setze **Limit-Breaks** oder Spezial-Moves in Schlüsselmomenten ein, wenn der Boss verwundbar ist oder wenn du schnell massiven Schaden anrichten musst.

Kapitel 4: Story-Komplettlösung – *Silver Star Story abgeschlossen*

4.1 Von Burg nach Meribia: Das Erwachen des Helden

Die Reise beginnt in der friedlichen Stadt **Burg**, wo **Alex**, der Protagonist, ein ruhiges Leben geführt hat und davon träumt, ein Drachenmeister zu werden. Dieses einfache Leben wird jedoch zerstört, als er sich auf eine Reise begibt, um **Luna**, seine Kindheitsfreundin und das Mädchen, das er liebt, zu retten.

1. Der Ruf zum Abenteuer

- **Burg** ist ein kleines Dorf, in dem Alex und sein Freund **Ramus** ihr einfaches Leben führen. Alex' Traum, ein Drachenmeister zu werden, wird jedoch auf die Probe gestellt, als **Luna**, das Mädchen, das er liebt, von mysteriösen Mächten entführt wird. Damit beginnt das erste große Ereignis der Geschichte, denn Alex muss den Mut aufbringen, seine Heimat hinter sich zu lassen und Luna zu retten.

- Alex' erste Prüfung kommt, als er **Burg verlässt und** Meribia, eine geschäftige Küstenstadt, **ins Visier nimmt**. Auf seinem Weg lernt er **Jessica kennen**, eine feuerschwingende Zauberin, die eine seiner Gefährtinnen werden wird. Gemeinsam stellen sie sich Feinden und erlernen die Grundlagen von Kampf, Magie und Teamwork.

2. Die Stadt Meribia und neue Verbündete

- Bei ihrer Ankunft in **Meribia** finden Alex und Jessica heraus, dass Lunas Verschwinden mit mehr als nur einer einfachen Entführung verbunden ist. Sie treffen auf **Nash**, einen großspurigen Dieb, der sich ihrer Sache anschließt, wenn auch widerwillig. Das Trio findet heraus, dass Luna von **Ghaleon festgehalten wird**, einem mysteriösen und mächtigen Zauberer, der einen dunklen Plan hat, in den der Mond und die **Drachenmeister** verwickelt sind.

- In **Meribia** sehen sich Alex und sein Team **Banditen** und neuen Gefahren gegenüber, beginnen aber auch, Hinweise auf den größeren Konflikt zu finden , der sich entfaltet. Die Stadt stellt die **Magiergilde** vor und bietet Möglichkeiten, die Charaktere durch das Erlernen neuer **Magie** und den Erwerb von **Gegenständen** zu stärken. Die Gruppe erfährt auch, dass sie **Dyne**, den ehemaligen Drachenmeister, aufsuchen müssen, um die wahre Natur ihrer Mission zu verstehen.

3. Der erste große Boss – der Drache des Meeres

- Bevor Alex und sein Team weiterkommen können, müssen sie sich der ersten echten Herausforderung stellen: **Dem Drachen des Meeres**. Diese mächtige Kreatur stellt den Mut der Gruppe auf die Probe. Es ist ein bedeutender Meilenstein auf ihrer Reise, der sie dazu zwingt, **Teamwork** und neu erworbene **Fähigkeiten** zu nutzen, um die Kreatur zu besiegen und die Stadt zu retten.

- Dieser Bosskampf ist auch das erste Mal, dass Alex die Kräfte der **Drachenmeister nutzt** und damit einen Teil seines wahren Potenzials freisetzt. Nach der Schlacht erfährt die Gruppe mehr über die Rolle der **Drachenmeister** bei der Aufrechterhaltung des Gleichgewichts der Welt und beginnt ihre Reise, um die Geheimnisse von Ghaleons Plan aufzudecken.

4.2 Prüfungen der Drachenmeister

Mit ihrem neu gewonnenen Wissen und ihrer Macht machen sich Alex und sein Team auf den Weg zum **Turm der Drachenmeister,** einer heiligen Stätte, an der Drachenmeister ihre volle Macht erlangen. Hier steht Alex vor einer Reihe von Prüfungen, die seine Entschlossenheit, Stärke und Führungsqualitäten auf die Probe stellen werden.

1. Der Turm der Prüfungen

- Der **Turm der Drachenmeister** ist ein labyrinthartiger Dungeon voller mächtiger Feinde, Fallen und Rätsel. Die Gruppe muss sich an diesem gefährlichen Ort zurechtfinden und sich dabei verschiedenen Herausforderungen stellen, die nicht nur ihre Kampffähigkeiten, sondern auch ihre Fähigkeit, als Team zusammenzuarbeiten, auf die Probe stellen.

- Während Alex durch den Turm schreitet, beginnt er, **Visionen** von früheren Drachenmeistern zu erleben, darunter **auch Dyne**, der seine tragische Geschichte enthüllt. Dynes Sturz in Ungnade und schließlich **der Verrat** durch Ghaleon wird zu einem der wichtigsten emotionalen Wendepunkte für Alex.

2. Drachenkraft freischalten

- Oben auf dem Turm steht Alex eine **Prüfung** bevor, die ihn dazu zwingt, sich seinen inneren Zweifeln und Ängsten zu stellen. Hier erhält Alex den Titel des **Drachenmeisters** und schaltet die Fähigkeit frei, sich in einen Drachen zu verwandeln. Diese Verwandlung verschafft ihm Zugang zu mächtigen neuen **Fähigkeiten** und wird zu einem wichtigen Teil seiner Identität.

- Diese Prüfung führt auch die **Magie des Drachenmeisters** ein und lehrt Alex, wie er sich die **uralte Macht der Drachen zunutze machen kann**. Als Drachenmeister weiß Alex nun, wie viel Verantwortung auf ihm lastet und welche Rolle er dabei spielt, Ghaleons gefährliche Pläne zu durchkreuzen.

3. Der Tod von Dyne

- Während der Reise erfährt das Team, dass **Dyne**, der letzte Drachenmeister, tot ist. Diese Enthüllung ist ein entscheidender Moment für Alex, der sich mit der Tatsache abfinden muss, dass sein Held, sein Mentor, verstorben ist. Das **Vermächtnis des Drachenmeisters** ruht nun auf Alex' Schultern.

- Dieser Verlust wird zu einem entscheidenden Moment für Alex und zwingt ihn, sein Schicksal als **Drachenmeister zu akzeptieren**. Das Team macht weiter, entschlossen, Ghaleons böse Machenschaften zu stoppen, aber der emotionale Tribut von Dynes Tod lastet schwer auf Alex.

4.3 Verrat und der Aufstieg Ghaleons

Als sich die Gruppe weiter in die Welt vorwagt, beginnen sie, die wahre Natur von Ghaleons bösem Plan zu enträtseln. Der charismatische Zauberer entpuppt sich als Drahtzieher hinter dem aufkommenden Chaos und seine heimtückischen Taten rücken immer mehr in den Fokus.

1. Der Verrat von Ghaleon

- **Ghaleon** war einst ein **treuer Verbündeter** und der engste Freund des vorherigen **Drachenmeisters** Dyne. Ghaleons Besessenheit von **Unsterblichkeit** und sein Wunsch, den Mond zu kontrollieren, führten ihn jedoch auf einen dunklen Pfad. Sein **Verrat** an Dyne und sein anschließender Aufstieg zur Macht erweisen sich als zentral für die sich entfaltende Krise.

- Ghaleons Machenschaften führen dazu, dass er **die Kontrolle über Luna an sich reißt**, die eine mysteriöse Verbindung zum **Mond hat**. Lunas Blutlinie ist der Schlüssel zur Entfesselung einer großen Macht, die Ghaleon nutzen will, um die Welt zu beherrschen.

2. Die dunklen Geheimnisse der Drachen

- Die Gruppe erfährt die schockierende Wahrheit, dass die **Drachenmeister** und ihre Drachen nicht geschaffen wurden, um die Welt zu schützen, sondern um **zu verhindern, dass ein uraltes Böses** wieder aufersteht. Ghaleons Plan ist es, diese **dunkle Macht zu erwecken**, indem er Lunas Kraft nutzt, um ein Tor zum Mond zu öffnen und Zerstörung herbeizuführen.

- Während die Gruppe tiefer in die Geheimnisse der Drachenmeister eintaucht, decken sie **verborgene**

Geschichten von Verrat, Manipulation und tragischen Opfern auf. Ghaleons ultimatives Ziel ist es nicht nur, den Mond zu zerstören, sondern **ihn nach seiner Vision von Macht** umzugestalten.

3. Lunas Opfer

- Luna, die schon immer im Mittelpunkt von Alex' Herz stand, gerät in eine qualvolle Lage, als Ghaleon versucht, sie als **Opferwerkzeug** zu benutzen, um seine Ziele zu erreichen. Lunas Bereitschaft, sich für das Wohl der Welt zu opfern, wird zu einem der emotionalen Schlüsselmomente der Geschichte.

- Alex, der sich seiner Rolle als **Drachenmeister voll bewusst ist**, steht vor der unmöglichen Aufgabe, sich zwischen seiner Liebe zu Luna und seiner Pflicht, die Welt vor Ghaleons zerstörerischem Plan zu schützen, zu entscheiden.

4.4 Endgültige Konfrontation & wahres Ende

In der Endphase des Spiels liefern sich Alex und sein Team einen epischen Showdown gegen Ghaleon und die Mächte der Finsternis. Dieser entscheidende Kampf wird das Schicksal der Welt bestimmen.

1. Die letzte Schlacht gegen Ghaleon

- Die Gruppe stürmt Ghaleons Festung im **Mond** und bereitet sich auf die ultimative Konfrontation vor. Ghaleon ist zu **gottähnlicher Macht aufgestiegen**, verfügt über unvorstellbare Magie und beschwört schreckliche Bestien. Der Kampf ist lang und zermürbend und verlangt von der Gruppe, all ihre Kräfte, Fähigkeiten und Magie einzusetzen, um eine Chance zu haben.

- Während des Kampfes erweist sich Alex' Verwandlung in den **Drachenmeister** als entscheidend, um sich Ghaleons überwältigender Stärke zu stellen. Der Kampf gegen Ghaleon ist sowohl ein Test für körperliche Ausdauer als auch eine emotionale Konfrontation, da Alex dem Mann gegenübersteht, der einst eine brüderliche Bindung mit Dyne teilte.

2. Lunas Rolle in der letzten Schlacht

- Luna, die von Anfang an eine zentrale Rolle in dem Konflikt spielte, spielt eine entscheidende Rolle im Kampf gegen Ghaleon. Ihre Macht ist der Schlüssel, um Ghaleons endgültige Zerstörung zu besiegeln und das Gleichgewicht auf Lunar wiederherzustellen. Ihre Verbindung zum **Mond** ist kein Fluch, sondern ein Segen, den Alex zu schätzen und zu schützen lernt.

- Die letzten Momente des Kampfes sind emotional aufgeladen, da sich Lunas Schicksal mit dem von Alex verwebt. Die Liebe zwischen ihnen wird zu einem Leuchtfeuer der Hoffnung im Angesicht der unüberwindlichen Finsternis.

3. Das wahre Ende

- Nach dem Sieg über Ghaleon beginnt sich die Welt von **Lunar** zu erholen. Das uralte Böse, das Ghaleon zu entfesseln suchte, wird erneut versiegelt und das **Vermächtnis der Drachenmeister** wiederhergestellt. Alex und seine Gefährten werden als Helden gefeiert, aber ihre Reise endet nicht mit einem Sieg.

- Das wahre Ende des Spiels ist bittersüß. Während Lunar gerettet wird, wird die Liebesgeschichte von Alex und Luna durch die harte Realität ihrer Rollen in der Welt verkompliziert. Lunas Existenz ist für immer mit dem Mond verbunden, und obwohl sie sich dafür entscheidet, an Alex' Seite zu bleiben, hat sich die Art ihrer Beziehung für immer verändert.

- Das **Vermächtnis der Drachenmeister** geht mit Alex weiter, der ein neues Kapitel seines Lebens aufschlägt, jetzt mit der Weisheit seiner Erfahrungen und den Erinnerungen seiner gefallenen Freunde.

Kapitel 5: Story-Komplettlösung – *Ewiges Blau abgeschlossen*

5.1 Hiros Reise beginnt

Die Reise in **Lunar: Eternal Blue** beginnt mit **Hiro**, einem jungen und abenteuerlustigen Schwertkämpfer, der in eine Schlacht verwickelt wird, die das Schicksal der Welt bestimmen wird. Hiros Geschichte ist geprägt von persönlichem Wachstum, und seine Suche nach der Wahrheit hinter der mysteriösen Macht **Zophar** führt ihn in neue Länder und zu mächtigen Verbündeten.

1. Hiros Einführung

- Hiro beginnt seine Reise in **Meribia**, der gleichen Stadt, die Alex in **Silver Star Story** besucht hat. Hiros Leben ist jedoch anders. Er ist ein **Schatzsucher**, oft in Begleitung seiner Jugendfreundin **Gillian**, und hat im Vergleich zu Alex eine viel leichtere, unbeschwertere Einstellung. Er träumt davon, einen Schatz zu finden und sich einen Namen zu machen.

- Nach einer zufälligen Begegnung mit **Ruby**, einem mysteriösen Mädchen mit der Fähigkeit, mächtige Magie zu kontrollieren, wird Hiro in einen größeren Konflikt hineingezogen. Ruby, die auf einer Mission ist, **Lucia, ein Wesen mit großer Macht, zu finden, schließt sich Hiro und seinen Freunden auf ihrer Suche an.**

2. Der Aufruf zum Handeln

- Die Gruppe wird mit der drohenden Bedrohung durch **Zophar** vertraut gemacht, einem dunklen, gottähnlichen Wesen, dessen Macht die ganze Welt bedroht. Hiros Abenteuer nimmt eine ernstere Wendung, als er und seine Gefährten sich den Mächten stellen, die Zophar dienen. Während ihrer Reisen lernt Hiro langsam seine Rolle im Kampf zwischen Gut und Böse kennen und erkennt, dass er weit mehr als nur ein Schatzsucher ist.

- Das erste große Ereignis ereignet, als Hiro und seine Gruppe von **Zophars Einfluss** auf die Welt und der Rolle, die **Lucia** in Zophars Plänen spielt, erfahren. Lucias Herkunft bleibt ein Rätsel, aber ihre Anwesenheit ist unbestreitbar mit dem aufkommenden Chaos verbunden, mit dem Hiro nun konfrontiert ist.

3. Verbündete sammeln

- Im Laufe seiner Reise wird Hiro von einer vielfältigen Gruppe von Charakteren begleitet, von denen jeder seine eigenen einzigartigen Fähigkeiten und persönlichen Motivationen hat. Dazu gehören **Gillian**, Hiros langjährige Freundin, und **Jean**, ein geschickter Schwertkämpfer, der seine eigenen Lasten trägt.

- Das Team reist schließlich nach **Diem**, einer Stadt, die uraltes Wissen über den **Blauen Stern besitzt** und in der sich Hiros wahres Schicksal zu entfalten beginnt. Hiros Beziehungen zu seinen Gefährten entwickeln sich im Laufe der Zeit und die Bande der Freundschaft und Loyalität werden stärker.

5.2 Zophars Einfluss und Lucias Geheimnis

Während Hiro tiefer in seine Suche eintaucht, erfährt er mehr über die wahre Natur von **Zophar** und **Lucia**, zwei Wesen, deren Schicksal mit dem Überleben der Welt verbunden ist.

1. Zophars wahre Macht

- **Zophar** entpuppt sich als uraltes, bösartiges Wesen, das versucht, die Welt **neu zu gestalten,** indem es die Menschheit auslöscht. Sein Einfluss breitet sich über das ganze Land aus, korrumpiert den Verstand und verdreht das Leben derer, die er berührt. Zophars Agenten arbeiten im Schatten und nutzen Angst und Manipulation, um seine zerstörerischen Ziele zu erreichen.

- **Zophars Macht**: Die wahre Macht des Bösewichts liegt in seiner Fähigkeit, Magie zu manipulieren und das Gefüge der Realität zu beeinflussen. Seine Verbindung zum **Blauen Stern** ist mit einem uralten **Konflikt** zwischen Göttern verbunden, bei dem Zophar versucht, das Gleichgewicht zu brechen und die Welt ins Chaos zu stürzen.

- Hiro und seine Gruppe müssen die Quelle von Zophars Macht aufdecken und einen Weg finden, ihn zu stoppen, bevor sein Einfluss alles verschlingt. Auf ihrem Weg stehen sie gefährlichen Monstern, korrupten Magieanwendern und sogar Verbündeten gegenüber, die durch Zophars Einfluss korrumpiert wurden.

2. Lucias wahre Natur

- **Lucia**, ein mysteriöses Mädchen mit immensen magischen Fähigkeiten, spielt eine zentrale Rolle in der Geschichte. Zunächst wird sie nur als Schachfigur im Kampf gegen Zophar gesehen, aber im Laufe der Geschichte enthüllt sich ihre wahre Identität: **Lucia ist eine Göttin**, die geschaffen wurde, um Zophar zu stoppen und das Gleichgewicht in der Welt wiederherzustellen.

- **Lucias Last**: Obwohl Lucia eine mächtige Göttin ist, kämpft sie mit dem Gewicht ihrer Schöpfung. Für einen Großteil der Geschichte ist sie sich ihrer wahren Herkunft nicht bewusst, aber als die Wahrheit ans Licht kommt, schickt das Schockwellen durch das Team. Sie ist mit **Zophar verbunden**, und ihre Existenz war ein notwendiges Gegengewicht zu seinen dunklen Kräften.

- Die Gruppe erfährt, dass Lucia, um Zophar zu besiegen, sich ihrer wahren Natur stellen und ein ultimatives Opfer bringen muss. Die emotionale Reise von Lucia und Hiro wird zum Mittelpunkt der Erzählung, während sie mit ihren Gefühlen von Pflicht, Liebe und Schicksal ringen.

3. Dem Verrat ins Auge sehen

- Auf ihrer Reise stellen Hiro und seine Gefährten fest, dass nicht alles so ist, wie es scheint. **Verrat** innerhalb und außerhalb ihrer Partei zwingt sie, ihre Bündnisse und ihr Vertrauen ineinander in Frage zu stellen. Diese Momente der Spannung tragen zur emotionalen Tiefe der Geschichte bei und lassen den Einsatz noch höher werden, je näher sie der finalen Konfrontation mit Zophar stehen.

- Hiros Entwicklung als Führungskraft wird auf die Probe gestellt, und er muss lernen, schwierige Entscheidungen zu treffen, die sich nicht nur auf sein Team, sondern auf das Schicksal der Welt selbst auswirken.

5.3 Glaubensprüfungen & Letzte Allianz

Als Hiro und seine Gefährten sich ihrer letzten Konfrontation mit Zophar nähern, müssen sie sich einer Reihe von Prüfungen stellen, die ihre Entschlossenheit, ihren Glauben und ihre Bereitschaft, alles für das Allgemeinwohl zu opfern, auf die Probe stellen.

1. Die Prüfungen des Glaubens

- Die Partei steht vor einer Reihe von **Prüfungen** , die ihren Glauben aneinander und an ihre Sache auf die Probe stellen. Diese Prüfungen zwingen Hiro und seine Freunde, sich ihren dunkelsten Ängsten und Zweifeln zu stellen, und sie müssen sich entscheiden, ob sie trotz überwältigender Widrigkeiten weiterkämpfen wollen.

- **Hiros Wachstum**: Durch diese Prüfungen erreicht Hiros Reise der Selbstfindung ihren Höhepunkt. Er lernt, seine Rolle als Anführer der Gruppe anzunehmen und als derjenige, der dazu bestimmt ist, Zophars dunklen Einfluss zu übernehmen.

- Die Prozesse dienen auch dazu, die Beziehungen innerhalb der Partei zu stärken. Während jeder Charakter seine persönlichen Dämonen überwindet, werden sie in ihrer Mission, Zophar zu besiegen, immer vereinter.

2. Final Alliance: Ein letztes Gefecht

- In den letzten Kapiteln der Geschichte schließen sich Hiro und seine Gefährten mit den letzten verbliebenen **Widerstandsfraktionen zusammen** , um sich auf die ultimative Schlacht gegen Zophar vorzubereiten. Diese letzte Allianz vereint Kräfte aus dem ganzen Land, vereint in der gemeinsamen Sache, den bösartigen Gott zu besiegen.

- **Die letzten Vorbereitungen**: Bevor sie sich Zophar stellen, muss die Gruppe die notwendigen **Artefakte sammeln**, verborgene Kräfte freischalten und einen Plan schmieden, um Zophars Festung zu infiltrieren. Diese Vorbereitungen bereiteten die Bühne für den Höhepunkt des Spiels, in dem die Gruppe all ihr Wissen, ihre Macht und ihr Vertrauen ineinander bündeln muss.

3. Lucias Wahl

- Lucias ultimative Rolle in der letzten Schlacht wird enthüllt, als sie eine wichtige Entscheidung trifft: Sie muss ihre göttlichen Kräfte aufgeben, um Zophar ein für alle Mal zu besiegen. Diese Selbstaufopferung ist ein wichtiger Wendepunkt in der Geschichte und unterstreicht ihre Entwicklung von einer verwirrten Göttin zu einer wahren Heldin, die bereit ist, ihr Leben für die Welt zu geben.

5.4 Die letzte Schlacht und Epilog

Die letzte Konfrontation mit **Zophar** ist eine epische Schlacht, die über das Schicksal der Welt entscheiden wird. Hiro, Lucia und ihre Gefährten müssen sich Zophars überwältigenden Kräften in einem

Kampf stellen, der ihre Stärke, Entschlossenheit und Einheit auf die Probe stellt.

1. Die letzte Schlacht gegen Zophar

- Der finale Showdown findet in **Zophars Versteck** statt, wo er enorme Macht angehäuft hat. Zophars **dunkle Magie** und **beschworene Schergen** stellen eine immense Herausforderung für Hiro und sein Team dar. Der Kampf ist mehrphasig, wobei sich Zophar im Laufe des Kampfes in eine noch mächtigere Form verwandelt.

- Hiros **Drachenmeister-Fähigkeiten** kommen während des Kampfes ins Spiel und ermöglichen es ihm, sich Zophars gottähnlichen Kräften zu stellen. Die Teamarbeit, die besonderen Fähigkeiten und die Entschlossenheit der Gruppe werden der Schlüssel zur Überwindung dieser ultimativen Bedrohung sein.

2. Lucias Opfer

- In der Hitze des Gefechts trifft Lucia ihre endgültige Entscheidung und opfert sich, um Zophar zu schwächen, so dass Hiro und seine Gefährten den entscheidenden Schlag ausführen können. Dieser Moment ist emotional aufgeladen, denn Hiro muss sich von dem Mädchen verabschieden, das er lieben gelernt hat.

- Das emotionale Gewicht von Lucias Opfer unterstreicht, was in diesem Kampf auf dem Spiel steht: Es ist nicht nur die Welt, die in Gefahr ist, sondern auch das Leben der Menschen, die Hiro am Herzen liegen.

3. Der Epilog

- Nachdem Zophar besiegt ist, wird der Frieden in der Welt wiederhergestellt. Hiro und seine Gefährten reflektieren über ihre Reise und die Opfer, die sie gebracht haben. Der Epilog enthüllt die Schicksale der Charaktere, einschließlich der emotionalen Auflösung von Hiros Beziehung zu Lucia.

- Hiro, der sich seiner Rolle in der Welt voll bewusst ist, macht sich auf, ein Leben jenseits des Schattens des Krieges zu führen, und bringt die Geschichte zu einem hoffnungsvollen, aber bittersüßen Ende.

Kapitel 6: Erkundung und Nebenquests

6.1 Weltkartennavigation und Städte

Die Welt von **Lunar Remastered Collection** ist ein lebendiges und miteinander verbundenes Reich voller vielfältiger Umgebungen, geschäftiger Städte, mysteriöser Ruinen und verborgener Geheimnisse. Das Navigieren in dieser Welt ist ein wichtiger Teil des Spielerlebnisses und bietet Möglichkeiten zur Entdeckung, Interaktion mit den Charakteren und zur strategischen Vorbereitung.

Die Weltkarte verstehen

Die Weltkarte dient als Drehscheibe, die verschiedene Regionen verbindet. Die Spieler können die Erkundung zu Fuß, mit dem Schiff oder mit magischen Mitteln (wie Teleportationszaubern oder Gegenständen, die später im Spiel freigeschaltet werden) durchführen. Die überarbeitete Version bietet eine aufgeräumte Karte mit schärferer Grafik, einfacherem Lesen des Geländes und schnelleren Ladezeiten.

- **Hauptmerkmale der Karte:**

    - **Markierte Städte und Sehenswürdigkeiten:** Wichtige Orte werden oft nach wichtigen Ereignissen der Geschichte beschriftet oder sichtbar.

    - **Zufällige Begegnungen: Reisen** zwischen Städten beinhalten Schlachten, die Erfahrung und

Gegenstände belohnen.

○ **Schnellreiseoptionen:** Einige überarbeitete
Funktionen ermöglichen eine eingeschränkte
Schnellreise in zuvor besuchte Gebiete.

Die wichtigsten Städte und was sie bieten

Jede Stadt in **Silver Star Story** und **Eternal Blue** bietet mehr als nur
Story-Fortschritt – sie ist Drehscheibe für Ausrüstung,
Hintergrundwissen und Nebenquests.

- **Burg & Meribia:** Startstädte mit einfacher Ausrüstung und
wichtiger früher Geschichte.

- **Vane & Horam:** Zentren der Magie und kriegerischen
Tradition, mit fortschrittlicher Ausrüstung und speziellen
Trainingsquests.

- **Takkar, Zabak und Raculi:** Optionale Städte, die mächtige
Nebengeschichten und NPC-Handlungsbögen freischalten.

NPCs und versteckte Details

Sprechen Sie mit allen! Viele Stadtbewohner geben Informationen
zum Aufbau der Welt, Hinweise auf Nebenquests oder sogar
versteckte Belohnungen, nur weil sie sich mit ihnen beschäftigen. In
der überarbeiteten Version machen ein verbessertes Dialogtempo
und klarere Questflaggen die Stadterkundung flüssiger und
lohnender.

6.2 Versteckte Höhlen, Schreine und Schätze

Die Welt von Lunar steckt voller Geheimnisse für den neugierigen Abenteurer. Einige Höhlen und Schreine sind direkt mit Nebenquests oder mächtiger Beute verbunden, während andere nur dazu da sind, die Erkundung zu belohnen.

Arten von versteckten Bereichen

- **Elementarschreine:** Diese Bereiche werden normalerweise von magischen Feinden bewacht und beherbergen seltene Zauberbücher oder Ausrüstung.

- **Alte Ruinen/Höhlen: Diese sind** oft mit der Geschichte der Göttin Althena oder der Drachenmeister verbunden und können Schätze, Minibosse oder Story-Schnipsel enthalten.

- **Verlassene Dörfer oder Heiligtümer:** Manchmal ist eine Rückverfolgung oder ein bestimmtes Gruppenmitglied erforderlich, um Zugang zu erhalten.

So finden Sie sie

- Halte Ausschau nach **unmarkierten Pfaden** oder **NPC-Gerüchten**.

- Einige Höhlen werden erst nach **wichtigen Story-Ereignissen** oder **Gruppen-Upgrades** (z. B. fliegende Fahrzeuge oder Warpzauber) zugänglich.

- Nutze die **"Suchen"**-Mechanik in Dungeons, um falsche Wände oder versteckte Türen aufzudecken.

Höhepunkte des Schatzes

- **Drachenringe:** Erhöht HP/MP oder gewährt passive Effekte.

- **Uralte Schriftrollen:** Schalte neue Zaubersprüche frei oder verbessere magische Stufen.

- **Charakterspezifische Ausrüstung:** Einzigartige Waffen oder Rüstungen, die spezielle Fähigkeiten oder Werteboni freischalten.

6.3 Optionale Bosse und geheime Dungeons

Optionale Bosse in Lunar bieten einige der härtesten und lohnendsten Herausforderungen im Spiel, die oft tief in obskuren Orten oder hinter rätselbasierten Dungeons versteckt sind.

Bemerkenswerte optionale Bosse

- **Der Phantomdrache** – Eine verderbte Form eines uralten Drachen, die nur zugänglich ist, wenn du alle Drachenprüfungen ohne Überspringen abgeschlossen hast.

- **Der Ewige Flammengolem** – Zu finden in den Vulkanunterführungen in der Nähe von Takkar, verwundbar für Eismagie, aber physisch verheerend stark.

- **Zophars Echo** – Eine geisterhafte Form, die eine Zukunft darstellt, in der Zophar gewonnen hat. Existiert als zeitverändernde Herausforderung, die durch eine optionale Traumquest freigeschaltet wird.

Geheime Verliese

- **Das Starcore-Labyrinth: Zugänglich,** nachdem du beide Hauptkampagnen abgeschlossen hast. Ein mehrstufiger Dungeon mit Feinden aus beiden Spielen und Geheimnissen voller Geschichten.

- **Die zerstörte Himmelsfestung: Erscheint** nur, wenn du nach der letzten Schlacht eine Absturzstelle in Eternal Blue erneut besuchst.

Belohnungen für den Abschluss

- Extrem seltene Gegenstände wie die **Seelenspiegelklinge, Lucias Träne** und **ätherische Roben.**

- Erweiterte Hintergrundgeschichte von Charakteren wie **Ghaleon**, **Dyne** und sogar **Ramus**.

- Skalierung der Endgame-Herausforderung (einige Feinde skalieren basierend auf der durchschnittlichen Stufe deiner Gruppe).

6.4 Nebenquests mit einzigartigen Belohnungen

Nebenquests in Lunar sind nicht nur Füllmaterial – sie füllen die Welt aus, vertiefen die Charakterbögen und schalten oft mächtige Gegenstände oder sogar neue Fähigkeiten frei.

Charakterbasierte Quests

- **Nashs Erlösungspfad:** Eine Questreihe, in der Nash Vane um Vergebung bitten und einen Zauber freischalten muss, der einzigartig für seinen Handlungsbogen ist.

- **Jeans Trainingsprüfung:** Wenn sie ihren Kampfkunstpfad abschließt, eröffnet sich für sie ein neues, auf Haltungen basierendes Kampfsystem.

Weltbasierte Nebenquests

- **Die Waisenrettungsmission (Silver Star):** Rette eine Gruppe von Kindern aus einem einstürzenden Bergtempel, um einen mächtigen Gruppenheilungsgegenstand zu erhalten.

- **Baue Takkar (Ewiges Blau) wieder auf:** Investiere Ressourcen, um eine vom Krieg zerrüttete Stadt wieder aufzubauen und seltene Händler und Verbündete freizuschalten.

Minispiele und Spezialaufgaben

- **Bestien-Arena:** Teste die Grenzen deiner Gruppe in einem Kampf-Spießrutenlauf für seltene Titel und Ausrüstung.

- **Schatzkarten:** Sammle Fragmente, die in der Welt versteckt sind, um einen versiegelten Tresor mit legendärer Ausrüstung freizulegen.

Zu den einzigartigen Belohnungen gehören:

- Benutzerdefinierte **Kostüme/Skins** für Charaktere in der Remastered-Version.

- **Passive Enhancer-Edelsteine** , die dauerhafte Buffs gewähren.

- **Alternative Enden oder Zwischensequenzen**, basierend auf der Stufe des Questabschlusses.

Kapitel 7: Ausrüstung, Gegenstände und Handwerk

7.1 Waffen- und Rüstungsstufen

In der **Lunar Remastered Collection** spielt die Ausrüstung eine entscheidende Rolle bei der Gestaltung der Stärke, der Überlebensfähigkeit und der Kampfrollen deiner Charaktere. Sowohl **Silver Star Story** als auch **Eternal Blue** bieten mehrere Ausrüstungsstufen, wobei jeder Fortschritt bessere Werte, einzigartige Effekte und manchmal charakterexklusive Boni bietet.

Waffen-Stufen

Die Waffen reichen von einfachen Eisenschwertern und -stäben bis hin zu legendären Klingen und arkanen Relikten. Waffenstufen werden im Allgemeinen unterteilt in:

- **Gewöhnliche Stufe** – Zu finden in frühen Städten oder von niedrigstufigen Feinden fallen gelassen. (z. B. Eisenschwert, Holzstab)

- **Ungewöhnliche/veredelte Stufe** – Ausrüstung für die Mitte des Spiels, die in größeren Städten gekauft oder in Truhen gefunden wurde. (z. B. Silberne Klinge, Kriegshammer)

- **Seltene Stufe** – Normalerweise an Nebenquests oder Boss-Drops gebunden. (z.B. Donner-Katana, Mystischer Bogen)

- **Legendäre Stufe** – Einzigartige Waffen, die an Charaktergeschichten oder letzte Dungeons gebunden sind. (z. B. Drachenmeister-Schwert, Ewige Lanze)

Jeder Charakter hat auch bevorzugte Waffentypen (z. B. Alex ist hervorragend mit Schwertern, Nash mit Stäben), daher ist die Auswahl auf der Grundlage ihrer Klassensynergie entscheidend.

Rüstungs- und Zubehörstufen

Die Rüstung ist in **leicht, mittel und schwer unterteilt**, je nachdem, welche Rolle der Charakter im Kampf spielt. Zubehör ist ebenso wichtig und bietet passive Boosts oder Immunitäten.

- **Standardrüstung** – Bietet ausgewogene Verteidigung.

- **Elementarrüstung** – Verringert Feuer-, Eis- oder Blitzschaden. Oft in Dungeons zu finden, die auf diese Elemente ausgerichtet sind.

- **Magieverstärkte Rüstung** – Erhöht die INT- oder MP-Regeneration. Ideal für Rollen.

- **Statusresistenz-Ausrüstung** – Entscheidend für Kämpfe im späten Spiel (z. B. schlaffeste Roben, Fluchringe).

7.2 Die besten Gegenstände nach Charakterklasse

Jede Charakterklasse in Lunar profitiert von einer bestimmten Untergruppe von Ausrüstung. Die Optimierung der

Ausrüstungsausstattung kann einen großen Unterschied in der Gefechtsleistung ausmachen.

Schwertkämpfer (Alex, Hiro, Kyle)

- **Empfohlene Waffen**: Drachenmeister-Schwert, Ewiges Katana, Purpurne Klinge

- **Beste Rüstung**: Heldenplatte, Flammenwächter

- **Top-Zubehör**: Krieger-Emblem (erhöht ATK), Konterwappen

Magier (Nash, Mia, Lemina)

- **Empfohlene Waffen**: Arkanstab, Donnerstab

- **Beste Rüstung**: Mystische Roben, Magier-Tunika

- **Top-Zubehör**: Magische Kugel (MP-Regeneration), Stille-Amulett (Statusresistenz)

Unterstützer/Heiler (Jessica, Ronfar, Jean)

- **Empfohlene Waffen**: Heiliger Streitkolben, Silberner Fächer

- **Beste Rüstung**: Klerikergewänder, gesegnete Rüstung

- **Top-Zubehör**: Geisterband (verstärkt die Heilung), Quick Charm (SPD-Boost)

Fernkampf-/Hybrid-Jäger (Lucia, Ruby, Tempest)

- **Empfohlene Waffen: Starfall Wand**, Flammendolch

- **Beste Rüstung**: Walkürenanzug, Zwielichtumhang

- **Top-Zubehör**: Fokus-Emblem, Elementar-Amulett

Jeder Charakter verfügt außerdem über ein oder zwei **exklusive Ausrüstungsgegenstände**, die oft hinter optionalen Bossen oder bestimmten Quests versteckt sind und die Leistung drastisch steigern, wenn sie ausgerüstet sind.

7.3 Seltene Tropfen und wo sie zu finden sind

Einige der besten Ausrüstungsgegenstände im Spiel können nicht gekauft oder hergestellt werden – sie müssen von seltenen Feinden oder versteckten Bossen geplündert werden. Diese Tropfen sind oft niedrigprozentig, aber die Mühe wert.

Bemerkenswerte seltene Beute

- **Phönix-Umhang** – Von Flammenwyrms in den Geschmolzenen Katakomben fallen gelassen (Chance von 3 %)

- **Göttinnenring** – Vom Strahlenden Götzen im Tempel von Althena (1% Droprate, hohe Magieresistenz)

- **Chaosklinge** – Belohnung für den Sieg über Zophars Echo in einem Rückkampf (nur 50 % Drop ohne Gruppentod)

- **Astralsplitter** – Wird benötigt, um hochstufige Zauberstäbe herzustellen, die von den Sternenkern-Elementaren fallen gelassen werden (Chance von 2 %)

Die besten Tipps für die Landwirtschaft

- **Verwende glückssteigernde Accessoires** – Erhöht die Droprate geringfügig.

- **Rüste Charaktere mit Schnellangriffen** aus, um Feinde zu töten, bevor sie fliehen.

- **Rückkehr in die Dungeons nach** der Story – Einige Monster respawnen mit stärkeren Versionen und besseren Drops.

- **Abschaum speichern** – Speichere kurz vor Bosskämpfen und lade nach, wenn der Drop nicht landet.

7.4 Geschäfte, Schmiede und Upgrade-Tipps

Während viele Gegenstände auf dem Feld gefunden oder von Feinden fallen gelassen werden, bieten Geschäfte und Schmiede immer noch beständige Upgrades und lebenswichtige Dienstleistungen an.

Geschäfte

- **Großstädte** aktualisieren ihr Inventar im Laufe der Geschichte.

- **Versteckte Händler** verkaufen seltene Schriftrollen, verbessern Gegenstände oder Karten. Einige erscheinen nur nachts oder nach bestimmten Ereignissen.

- **Tauschhändler** tauschen seltene Beute gegen mächtige Accessoires – oft lohnt sich die Investition.

Schmiede und Handwerk

Das Crafting ist nicht so prominent wie in modernen RPGs, aber in **Eternal Blue** präsent, vor allem durch **Schmiede-NPCs**, die Waffen mit Elementarkern oder speziellen Erzen verbessern können.

- **Erzarten:**

    - **Mydrille-Erz** – Erhöht die DEF, die bei der Herstellung von Rüstungen verwendet wird.

    - **Dragonan** – Zu finden in Drachenschreinen, die zum Schmieden hochstufiger Klingen verwendet werden.

    - **Manasplitter** – Werden verwendet, um Stäben magische Eigenschaften zu verleihen.

Upgrade-Tipps

- **Priorisiere Waffen** immer vor Rüstungen zu Beginn des Spiels – sie bieten eine schnellere Skalierung der Kraft.

- Stelle statusresistente Ausrüstung **her oder kaufe sie** , bevor du in Dungeons mit Gegnern mit schweren Schwächungseffekten antrittst.

- Verkaufe alte Ausrüstung nicht sofort – einige Quests und Upgrades erfordern ältere Gegenstandsversionen.

- Halte Ausschau nach **Verbesserungsschriftrollen** , mit denen du Waffen "erwecken" und versteckte Werte freischalten kannst.

Kapitel 8: Magie, Fähigkeiten und Drachenkräfte

8.1 Elementare Affinitäten und Zähler

Magie in der **Lunar Remastered Collection** ist mehr als nur auffällige Grafik – es ist ein strategisches System, das auf elementaren Affinitäten und Gegenmechanismen basiert. Die Beherrschung dieses Systems ermöglicht es den Spielern, den Schaden zu maximieren, Bedrohungen zu mindern und mit harten Gegnertypen effizient umzugehen.

Kernelemente

Es gibt fünf Haupttypen von Elementaren sowohl in **Silver Star Story** als auch in **Eternal Blue**:

- **Feuer** – Hoher Grundschaden, oft mit Flächenschadenspotenzial.

- **Eis** – Langsameres Wirken, kann aber Gegner einfrieren oder verlangsamen.

- **Blitz** – Schnell und präzise, mit der Chance auf Betäubung.

- **Wind** – Ignoriert oft die Positionierung, ideal gegen fliegende oder ausweichende Gegner.

- **Hell/Dunkel** – Hochstufige Zauber, die an göttliche oder verderbte Quellen gebunden sind.

Elementare Schwächen & Widerstände

Feinde haben spezifische elementare Schwächen, die für doppelten oder sogar dreifachen Schaden ausgenutzt werden können. Einige seltene Gegner absorbieren oder annullieren auch bestimmte Typen.

Element	Stark gegen	Schwach gegen
Feuer	Eis	Wasser/Wind
Eis	Wind	Feuer
Blitz	Wasser, Maschinen	Erde
Wind	Fliegende Einheiten	Eis
Licht	Feinde mit dunkler Ausrichtung	Nichts
Dunkel	Leicht ausgerichtete Gegner	Nichts

Profi-Tipps

- Setze Scan-Fähigkeiten ein, um feindliche Widerstände aufzudecken.

- Rüste Elementarringe aus, um Gefahren in Dungeons oder Boss-Mechaniken zu widerstehen.

- Einige Statusbeeinträchtigungen sind an Elementtypen gebunden (z. B. Feuer = Brennen, Eis = Einfrieren, Blitz = Lähmung).

8.2 Freischaltung von Fertigkeiten nach Level oder Event

Jeder Charakter verfügt über eine Reihe erlernbarer **Fähigkeiten** und **Zaubersprüche**, die entweder durch Aufleveln oder durch **storybasierte Ereignisse** (wie persönliche Prüfungen, Reliktfunde oder Gruppenbindungsmomente) freigeschaltet werden.

Levelbasierte Freischaltungen

Diese sind an die Entwicklung der Charaktere gebunden und skalieren mit ihrer Rolle:

- **Alex** – Erhält früh physische Schwerttechniken, später drachenbasierte Kräfte.

- **Nash** – Die Blitzmagie verbessert sich stetig; der ultimative Zauber wird ab Stufe 45 freigeschaltet.

- **Jessica** – Beginnt mit Heilungen, erhält bis zur Mitte des Spiels Wiederbelebungszauber.

- **Ronfar** – Auf Würfeln basierende Fähigkeiten, die an Unterstützung und Glück gebunden sind; chancenbasierte Effekte verbessern sich mit jeder Stufe.

Ereignisbasierte Freischaltungen

Diese kommen oft mit emotionalen oder überlieferten Momenten:

- **Mia** erhält ihren ultimativen Zauber während der Belagerung von Vane.

- **Jean** entfaltet eine einzigartige Martial-Arts-Haltung, nachdem sie sich ihrer Vergangenheit in Horam gestellt hat.

- **Lucia** erlangt ihre Göttinnen-Kräfte zurück, nachdem sie mit Hiro eine emotionale Resonanz gefunden hat.

Einige freischaltbare Gegenstände sind optional, aber mächtig und ermutigen zur Erkundung und zum Abschluss von Nebenquests.

8.3 Drachenkräfte erklärt (*Silver Star*)

Eine der zentralen Mechaniken in **Silver Star Story** ist der Erwerb von **Drachenkräften**, die mit Alex' Schicksal als nächster Drachenmeister verbunden sind. Diese Kräfte sind nicht nur Artefakte der Geschichte – sie sind spielverändernde Fähigkeiten im Kampf.

Arten von Drachenkräften

Jeder Drache gewährt eine einzigartige Fähigkeit:

- **Weiße Drachenflügel** – Gewährt Teleportation auf der Weltkarte und Flucht aus Dungeons.

- **Red Dragon Anger** – Flächenfeuerbasierter Angriff, der Resistenzen ignoriert.

- **Heilung des blauen Drachen** – Stellt die Gruppen-HP vollständig wieder her und heilt Beschwerden.

- **Trauer des Schwarzen Drachen** – Verheerender Einzelzielzauber, der dunklen Schaden verursacht und den sofortigen Tod verursachen kann.

Mechanik der Nutzung

- Einige Drachenkräfte verbrauchen eine hohe Menge an MP, daher eignen sie sich am besten in wichtigen Schlachten.

- Drachenkräfte skalieren mit Alex' Level- und Schwert-Upgrades.

- Upgrades im späten Spiel verstärken ihre Wirkung – zum Beispiel gewährt die Heilung des Blauen Drachen auch Regeneration.

Bedingungen für das Entsperren

- Jede Kraft erhältst du, nachdem du eine Prüfung abgeschlossen und dich dem entsprechenden Drachen bewiesen hast.

- Nebenquests können die Kräfte weiter verstärken – zum Beispiel erhöht die Bergung eines verlorenen Drachenartefakts die Dauer oder den Radius.

8.4 Lucias Kräfte und Evolution (*Eternal Blue*)

In **Eternal Blue** beginnt Lucia das Spiel als mysteriöse, geschwächte Abgesandte der Göttin Althena. Ihre Kräfte wachsen im Laufe der Geschichte dramatisch und sind direkt mit der Erzählung und der finalen Konfrontation verbunden.

Lucias Ausgangszustand

- Beginnt mit wenigen Kampfoptionen, hauptsächlich defensiven oder geskripteten Fähigkeiten.

- Die meisten Gegenstände oder Waffen können nicht frühzeitig ausgerüstet werden.

Erwachen im Midgame

- Nach wichtigen Ereignissen der Handlung (vor allem im Zusammenhang mit Hiros Loyalität) beginnt sie, ihre göttliche Magie wiederzuerlangen.

- Erhält **lichtbasierte Zauber,** Kontrollverluste und sogar Heilfähigkeiten, was sie zu einer hybriden Zauberin macht.

Entwicklung im späten Spiel

Lucia erhält schließlich wieder vollen Zugang zu ihren Kräften:

- **Lucent Nova** – Lichtbasierte AoE-Atombombe, extrem effektiv gegen Feinde mit dunkler Ausrichtung.

- **Finsternis-Barriere** – Hebt einen Zug lang jeglichen magischen Schaden auf.

- **Göttinnen-Requiem** – Belebt die gesamte Gruppe wieder und gewährt vorübergehende Unverwundbarkeit (ultimativer Zauber).

Benutzerdefinierte Buff-Pfade (Remastered-Bonus)

In der Remastered-Edition hat Lucia **zwei verzweigte Machtentwicklungen,** abhängig von den Entscheidungen des Spielers:

1. **Wächter von Althena** – Erhält volle Unterstützung und Schildfähigkeiten.

2. **Himmlischer Abgesandter** – Wird zu einem magischen Kraftpaket mit hohem Schaden und Hell-Dunkel-Hybridzaubern.

Diese Entscheidungen werden während wichtiger Interaktionen getroffen und wirken sich auf Dialoge und bestimmte Zwischensequenzen aus.

Kapitel 9: Geheimnisse, Easter Eggs und Erfolge

9.1 Verweise auf andere Game Arts-Titel

Die Lunar Remastered Collection ist reich an Rückrufen und Tributen an andere Spiele, die von **Game Arts entwickelt oder veröffentlicht wurden**, insbesondere für langjährige Fans der kultigen RPG- und Action-Titel des Studios.

Nominierungen der Grandia-Serie

- **Gegenstandsbeschreibungen**: Einige magische Gegenstände haben einen Geschmackstext, der sich auf Zaubersprüche oder Orte aus *Grandia bezieht*, wie z. B. das "Mana-Ei-Fragment" oder "Mullens Wappen".

- **NPC-Dialog**: Ein Reisender in Meribia behauptet, "eine schwebende Insel gesehen zu haben, auf der die Zeit anders vergeht", eine Anspielung auf *Grandias* Alent.

- **Musikalische Cameos**: Ein neu orchestrierter Track aus *Grandia II* wird ab einem bestimmten Punkt im Spiel in einer Taverne von Eternal Blue gespielt.

Silpheed und Alisia Dragoon

- Poster und Arcade-Automaten, die sich auf *Silpheed* und *Alisia Dragoon beziehen,* sind in einem Nebenraum der Vane

Magic Guild zu sehen (nur Remastered-Version).

- Eine optionale Zeile von Lemina enthüllt, dass sie früher "Geister mit Blitzen aus ihren Händen schoss wie ein Dragoner aus den Geschichten".

Game Arts Entwickler Inside Jokes

- Versteckte Credits-Terminals in bestimmten Dungeons zeigen Entwickler-Avatare im Chibi-Stil mit albernen Biografien (z. B. "BG-Künstler, der Alex seine coolen Haare gab").

- Ein Katzen-NPC namens "T-Kun" in Burg soll "ein Meisterprogrammierer sein, der einmal ein ganzes Spiel rückwärts laufen ließ".

9.2 Geheime Szenen und Dialoge

Die Lunar-Serie hat schon immer Spieler belohnt, die die ausgetretenen Pfade verlassen haben. Die überarbeitete Version verstärkt dies mit **neuen geheimen Szenen, verzweigten Gesprächen** und **versteckten Dialogbäumen,** die die Welt und die Charaktere mit Leben füllen.

Timing-basierte Szenen

- Wenn man **Nall** an Schlüsselpunkten der Geschichte besucht, erhält man je nach Gruppenzusammensetzung unterschiedliche Reaktionen.

- Wenn du nach einem bestimmten Ereignis nach Meribia zurückkehrst, hat Kyle einen einzigartigen Moment, in dem er über seine Vergangenheit als Barde nachdenkt.

Szenen mit der Charakterbindung

- Wenn du Charaktere konsequent im Kampf einsetzt, werden kleine persönliche Zwischensequenzen am Lagerfeuer oder in Gasthäusern freigeschaltet (z. B. wenn Ronfar sein Bedauern teilt, Mia ihren ersten Schwarm offenbart).

- Jean und Hiro haben eine optionale Freundschaftsszene, wenn ihr eine bestimmte Nebenquest gemeinsam abschließt.

Komödiantische Geheimnisse

- Wenn du in Vane 30 Mal mit einem Huhn sprichst, wird eine kurze Zwischensequenz freigeschaltet, in der es sich in eine magische Kreatur verwandelt (nur zum Spaß).

- Benutze wiederholt den **Befehl "Inspizieren"** auf Ramus' Schreibtisch in Burg, und du wirst Liebesbriefe finden, die er an Mia geschrieben hat – unlesbar aus extremer Verlegenheit.

9.3 Freischaltbare Enden und Boni

Sowohl **Silver Star Story** als auch **Eternal Blue** bieten **alternative Enden**, zusätzliche Epiloge und freischaltbare Inhalte, die auf deinen Aktionen im Laufe des Spiels basieren.

Silver Star Story Freischaltbare Gegenstände

- **Perfektes Ende**: Erfordert den Abschluss aller Drachenprüfungen, das Sammeln aller Erinnerungssplitter und die Wiederbelebung eines wichtigen NPCs mit einem versteckten Gegenstand. Schaltet eine erweiterte Filmsequenz mit der Zukunft der Gruppe frei.

- **Alternatives Ende**: Wenn du es nicht schaffst, eine bestimmte Stadt rechtzeitig zu retten, wird eine tragische Variation der letzten Zwischensequenz abgespielt – nicht kanonisch, aber emotional stark.

- **Post-Credit-Bonusszene**: Kehre nach dem Ende nach Burg zurück, um ein herzliches Wiedersehen und einen Teaser für Eternal Blue zu erleben.

Ewiges Blau freischaltbare Gegenstände

- **Wahrer Endpfad**: Schließe Lucias Nebenprüfungen ab und baue Vertrauen durch Dialogentscheidungen auf. Die endgültige Entscheidung während des Endspielkampfes entscheidet darüber, ob sie bei Hiro bleibt oder zum Blauen Stern zurückkehrt.

- **Bonus-Dungeon-Freischaltung**: Schließe das Spiel mit allen abgeschlossenen Nebenquests ab, um Zugang zum Starcore-Requiem zu erhalten, einem ultra-schwierigen Dungeon, der eine "dritte Mond-Ära" ankündigt.

- **Geheime Romantikpfade**: Dialoge und die Verwendung von Gegenständen im Laufe des Spiels ermöglichen subtile Änderungen in romantischen Nebenhandlungen – z. B. kann

Kyle bei Lemina landen, wenn bestimmte Entscheidungen getroffen werden.

9.4 Leitfaden für vollständige Errungenschaften/Trophäen

Egal, ob du PlayStation, Switch oder PC spielst, die **Lunar Remastered Collection** enthält eine umfangreiche Liste an Erfolgen/Trophäen, die vom Story-Fortschritt bis hin zu optionalen Hardcore-Herausforderungen reichen.

Storybasierte Erfolge

- *"Der auserwählte Drache"* – Schließe die Prüfung des Weißen Drachen ab

- *"Truth Unveiled"* – Entdecken Sie Ghaleons wahres Motiv

- *"The Eternal Light"* – Schließe die Hauptgeschichte von Eternal Blue ab

Erkundung und Nebenquests

- *"Wanderer of Lunar"* – Besuche jede Stadt und jeden Dungeon

- *"Treasure Hoarder"* – Öffne 200+ Truhen in beiden Spielen

- *"Der vergessene Held"* – Vervollständige Jeans vollständigen Handlungsbogen

Kampf und Meisterschaft

- *"Ununterbrochene Kette"* – Gewinne 30 Kämpfe in Folge, ohne Schaden zu nehmen

- *"Meister der Elemente"* – Nutze alle elementaren Schwächen in einem einzigen Kampf aus

- *"Niemand wird zurückgelassen"* – Schließe den Endboss ab, während jedes Gruppenmitglied am Leben ist

Geheim und verborgen

- *"Hühnerflüsterer"* – Lösen Sie das Transformationsereignis in Vane aus

- *"Dev Team Fanboy"* – Entdecke alle Entwickler-Cameos

- *"Lucia's Choice"* – Schalte beide Enden von Eternal Blue frei

- *"Chronicles Complete"* – 100% sowohl Silver Star als auch Eternal Blue Geschichten und Codices

Viele dieser Trophäen schalten auch **kosmetische Extras frei**, wie z. B. Charakter-Skins, klassische Musiktitel oder Konzeptzeichnungen.

Kapitel 10: Abschließende Tipps und fortgeschrittene Strategien

10.1 Best Practices für lange Gefechte

Bosskämpfe und hochstufige Begegnungen in der **Lunar Remastered Collection** erstrecken sich oft weit über ein Dutzend Runden. Das Überleben hängt von der intelligenten Nutzung von Ressourcen, der Rotation von Fähigkeiten und der strategischen Positionierung ab.

1. Heiler rotieren

- Habe immer einen Ersatzheiler (z. B. Ronfar oder Jessica) dabei, falls dein Hauptsupport ausfällt oder die MP zur Neige gehen.

- Kombiniere Heilung mit Buffs oder leichtem Schaden, um Aktionen zu schonen.

2. Setze die Zugreihenfolge mit Bedacht ein

- Studiere die Zugreihenfolge des Feindes, um seine Züge vorherzusagen und deine Heilungen oder Schilde zu timen.

- Schnelle Zauberer wie Mia oder Lucia können verwendet werden, um Feinde mit Betäubungs- oder Schwächungsmagie zu unterbrechen.

3. Vermeiden Sie totale Beleidigungen

- Hebe dir Fähigkeiten mit großem Schaden für Momente auf, in denen der Boss verwundbar ist oder angreift.

- Der übermäßige Einsatz von AoE-Angriffen kann MP verschwenden, wenn Feinde dem Element widerstehen.

4. Statuseffekte werden unterschätzt

- Schlaf, Lähmung, Stille und Verwirrung funktionieren bei vielen Mini-Bossen und Mobs im späten Spiel.

- Jeans Martial-Arts-Linie umfasst mehrere Moves, die Feinde außer Gefecht setzen.

10.2 Ressourcenverwaltung für den Hardcore-Modus

Der Hardcore-Modus in der Remastered-Edition ist brutal. Weniger Speicherpunkte, stärkere Feinde und begrenzte Goldbeute erfordern eine präzise Planung.

1. Priorisieren Sie Upgrades

- Rüste Waffen nur für Core-Damage-Dealer auf. Unterstützungseinheiten kommen gut mit mittelstufiger Ausrüstung zurecht.

- Zubehör, das die MP-Kosten oder den Resistenzstatus reduziert, ist wertvoller als rohe Werte.

2. Seltene Gegenstände aufbewahren

- Verwende keine vollständig heilenden Gegenstände oder Elixiere zur Wiederherstellung von MP, bis es absolut notwendig ist.

- Verteile Wiederherstellungsgegenstände gleichmäßig in deiner Gruppe, um Wipe-Szenarien zu überstehen.

3. Strategisch campen

- Benutze Gasthäuser oder Lagerfeuer vor Dungeons. Vermeiden Sie "Heilung unterwegs", es sei denn, dies ist unvermeidlich.

- Abkürzungen und Warppunkte in der Mitte des Dungeons werden für Item-Runs unerlässlich.

4. Formationen optimieren

- Ordnen Sie die Gruppenreihenfolge neu an, um matschigere Rollen zu schützen.

- Setze Weitkampfwaffen an der Front ein, um schwächere Feinde unter Kontrolle zu halten.

10.3 Speedrunning Routen & Tricks

Egal, ob du unter 10 Stunden schaffst oder dich für einen *No-Level-Grind-Run entscheidest*, Lunar bietet mehrere Skips, Schnellreisetricks und Zeitersparnisse.

1. Schnellste Routen

- **Silberner Stern**: Priorisiere storykritische Ziele und setze die Weißen Drachenflügel großzügig ein, sobald du sie erworben hast.

- **Ewiges Blau**: Nutze Lucias Teleportationspunkte, um effizient zurückzuverfolgen und unnötiges Grinden zu vermeiden.

2. Dialogsprünge

- Die Remastered-Version enthält optionale Dialoge zum Vorspulen und automatischen Vorspulen. Schalten Sie beide ein, um mit voller Geschwindigkeit zu überspringen.

- Halten Sie Ausschau nach Momenten mit erzwungenen Pausen oder emotionalen Beats – sie können nicht übersprungen werden.

3. Boss-Bypässe & Käse-Taktiken

- Bestimmte Bosse sind schwach gegenüber Statusmagie. Erstarre, bringe sie zum Schweigen oder verwirre sie, um in weniger Runden zu gewinnen.

- Hortet Bomben und Statusgegenstände frühzeitig – sie verursachen festen Schaden und ignorieren Resistenzen.

4. Menü-Optimierung

- Weist Zaubern Abkürzungen zu, um Heil- und Schadenszauber zu erhalten.

- Rüste die schnellsten Charaktere mit initiativfördernder Ausrüstung aus, um schon früh in der Runde die Dominanz zu übernehmen.

10.4 Neues Spiel Plus und Inhalte nach dem Spiel

Die **Lunar Remastered Collection sorgt mit** New Game Plus **(NG+) und umfangreichen Post-Game-Inhalten, die in den Originalversionen bisher nicht verfügbar waren,** für neue Tiefe.

Neue Game Plus-Funktionen

- Beginne einen neuen Spieldurchgang und behalte dabei Level, Ausrüstung und freigeschaltete Fähigkeiten.

- Optionaler Herausforderungsmodus, in dem Feinde über dein Level hinaus skalieren, um härtere Kämpfe zu ermöglichen.

Übertrags-Vergünstigungen

- Lucia beginnt mit allen freigeschalteten Kräften aus deinem vorherigen Eternal Blue-Speicherstand.

- Geheime Szenen sind von Anfang an zugänglich, wenn sie beim ersten Durchlauf ausgelöst werden.

Dungeons nach dem Spiel

- **Starcore Requiem** (Eternal Blue) – Mehrstöckiger Dungeon mit Bossen aus beiden Spielen, alternativen Enden und Lore-Erweiterungen.

- **Chrono Trial Gate** (Silver Star) – Ein Kampfrutenlauf mit Rätseln, Zeitrennen und Easter Eggs aus dem gesamten RPG-Katalog von Game Arts.

Bonus-Inhalte

- Freischaltbare alternative Outfits und überarbeitete Zwischensequenzen.

- Entwicklerkommentar-Modus: Wiederholung von Kapiteln mit zusätzlichen Notizen zu Designentscheidungen und ungenutzten Konzepten.

www.ingramcontent.com/pod-product-compliance
Lightning Source LLC
LaVergne TN
LVHW051537050326
832903LV00033B/4305